디지털
호신술

선 넘는 온라인 세계에서 내 프라이버시를
지키는 법

한세희 지음

디지털
호신술

북트리거

디지털 시대의 당당한 주인공으로 살아가려면

오늘날 우리는 스마트폰 없는 세상을 상상할 수 없습니다. 일상 속에 너무나 단단하게 자리를 잡아서 마치 오래전부터 당연히 써 온 물건 같습니다. 하지만 최초의 현대적 스마트폰이라고 할 수 있는 아이폰이 출시된 것이 2007년입니다. 불과 17년 전이죠. 그사이 세상이 완전히 바뀌었습니다.

스마트폰이 처음 보급되기 시작할 때가 생각납니다. 여태까지 상상도 할 수 없었던 갖가지 기능과 앱에 모두가 열광했습니다. 새 모델이 출시될 때마다 온 세상의 관심이 쏠렸고, 각자 무슨 앱을 쓰는지 활발하게 이야기가 오갔습니다. 페이스북이나 (현재는 이름이 'X'로 바뀐) 트위터 같은 소셜 미디어 사용도 폭발적으로 늘었습니다. 앞다투어 사진과 글을 올리며 '좋아요'가 얼마나 눌리는지 조마조마하게 지켜봤고, '팔로워' 수를 늘리는 방법을 하루 종일 궁리했습니다. 넷플릭스로 '최애' 드라마를 밤새 보기도 했습니다. 사람들은 처음 접해 보는 스마트폰을, 소셜 미디어를, 온라인 세계를, 디지털 기술이 가져온 모든 가능성을 열렬히 사랑했습니다.

'스마트폰 이후' 세상에 태어난 청소년 세대도 물론 스마트폰을 사랑할 것입니다. 하지만 그들에게 스마트폰은 놀라운 존재라기보다 너무나 당연한 생활의 일부분에 더 가까워 보입니다. 한 몸처럼 자유자재로 각종 기능을 활용하며, 이미 그 세계 속에 푹 잠겨 생활하고 있죠.

그런데 이제 콩깍지가 벗겨지고 만 것일까요? 그토록 사랑해 마지않았던 소셜 미디어가, 일상을 바꿔 준 검색 포털이, 그 모든 즐거움과 편의를 제공하는 스마트폰과 디지털 기술들이 사실 삶을 옥죄는 감시자이자 감옥이기도 하다는 것을 사람들이 조금씩 깨닫고 있습니다. 사실 스마트폰이 그렇게 재미있고 편리했던 것역시, 사용자를 감시하는 여러 방법과 기능 덕이었습니다.

짧은 영상에 '좋아요'를 누를 때 드러나는 취향, 지도 앱으로 맛집을 찾을 때 기록되는 위치, 소셜 미디어 친구 목록을 통해 나타나는 인간관계, 포털 검색창에 입력하는 세세한 필요와 관심사까지…. 디지털 기기에 발자국처럼 남은 모든 행동과 기록이 나의 모습을 낱낱이 드러냅니다. 언제나 흔적이 남고 좀처럼 사라지지 않으며 손쉽게 대규모로 수집 가능한 이들 디지털 정보를 통해

한 사람에 대해서, 어쩌면 본인보다도 더 잘 파악할 수 있을 정도입니다.

흔히 '빅테크'라고 불리는 대형 IT 기업들은 이런 데이터를 적극적으로 수집·관리하며 사업에 활용합니다. 정교하게 고안된 맞춤형 광고로 손짓하며 사용자를 구매 버튼으로 안내하죠. 기업들은 각종 데이터와 그에 기반한 인공지능 알고리즘으로 사용자에게 많은 편익을 제공하지만 그것이 궁극적 목적은 아닙니다. 데이터와 알고리즘이 언제든 기업의 이익을 위해 활용될 수 있다는 사실을 염두에 두어야 합니다.

유튜브와 인스타그램 등 소셜 미디어는 항상 사용자가 영상이나 피드를 보는 데에 더 많은 시간을 쓰게 만들려 노력합니다. 그래야 광고의 조회 수도 올라가고, 광고료를 통해 얻는 수익도 커지기 때문입니다. 이를 위해 빅테크 기업들은 사용자의 요구를 잘 파악하고 충족해 주지만, 그것이 항상 좋은 일인 것은 아닙니다.

사람은 누구든 친구나 좋아하는 사람의 말을 더 경청하고, 평소 자신의 의견이나 믿음에 들어맞는 주장을 더 쉽게 받아들이며, 자극적인 영상이나 이야기에 더 적극적으로 반응하기 마련입니다. 각 사용자의 취향을 잘 아는 알고리즘은 나와 취향이 비슷한 사람들의 콘텐츠 위주로 피드를 구성해 보여 주고, 내가 듣고 싶어 하는 주장을 담은 영상을 우선적으로 추천합니다. 자연스럽게 사회문제나 정치 이슈에 대한 편향적 의견만 확대하면서 점점 사람들 사이의 대화는 막고 적대감은 키워, 결국에는 민주주의를 위협합니다. 그런가 하면 은연중에 획일적이고 왜곡된 미의 기준을 확산시키기도 하죠. 외적인 자극에 민감한 청소년의 감정에 특히 부정적인 영향을 미칠 수 있는 콘텐츠들을 여과 없이 노출하기도 합니다. 심지어 최근에는 인공지능 기술이 급격하게 발전하면서 이 모든 위협이 더욱 가속화하고 있고요.

이 모든 것이 전부 십여 년 사이 일어난 일입니다. 기술이 삶과 사회를 바꾸어 놓았지만, 우리는 그것을 바람직하게 가꾸어 나가는 데에 아직 능숙하지 못합니다. 그러니 지금부터라도 온라인 세계의 갖가지 위협으로부터 스스로를 지키고 편익과 가능성은 적극적으로 활용하는 요령을 알아 둘 필요가 있어요.

적을 알고 나를 알면 백전백승이라 했죠(디지털 기술이 꼭 적은 아닙니다만). 일단 우리 삶에 파고든 디지털 기술의 특성이 무엇인지, 우리 삶에 어떤 방식으로 영향을 미치는지 알아야 합니다. 그리고 이를 바탕으로 자신을 지킬 구체적인 방법을 익혀야 하죠. 새로운 세대를 위한 '디지털 호신술'로 자신을 지키며 온라인 세계의 당당한 주인공으로 살아갈 수 있기를 바랍니다.

|차례|

들어가며_디지털 시대의 당당한 주인공으로 살아가려면 4

1부

나는 파놉티콘
속에 있어

세상에서 가장 효율적인 감옥이 있다면 어떤 모습일까요? 최소한의 간수를 써서 최대한 많은 죄수의 행동을 하나도 놓치지 않고 감시할 수 있는 감옥일 것입니다.

공리주의 철학의 창시자로 유명한 영국의 철학자 제러미 벤담은 18세기 말에 이런 효율적 감옥을 만들 아이디어를 생각해 냈습니다. 간수가 있는 높은 탑이 있고, 그 주변을 둘러싼 원형의 건물에 죄수들이 다닥다닥 갇혀 있는 구조입니다. 각 감방은 앞이 훤하게 뚫려 있어 간수가 모든 방 안의 상황을 한눈에 볼 수 있습니다. 또 감시탑은 어둡고 감방은 밝기 때문에, 죄수들은 간수가 자신을 보고 있는지 아닌지 알 수 없습니다.

결국 죄수들은 간수가 실제로 자신을 보고 있는지와 상관없이 항상 감시당하고 있다고 생각하는 편이 안전합니다. 탈출하거나 규정을 어길 생각을 감히 하지 못하고, 감시의 눈길을 완전히 내면화하는 것이죠.

벤담은 이 감옥에 '파놉티콘panopticon'이라는 이름을 붙였습니다. 그리스어로 '모두'라는 의미의 'pan'과 '보다'라는 의미의 'opticon'을 합친 단어입니다. 벤담은 이런 구조의 교도소를 만들자고 프랑스와 영국 정부에 적극적으로 제안하기도 했습니다. 당시 유럽에서는 도시가 발달하고 인구가 급증하면서 범죄도 늘어나 새 감옥을 지어야 할 필요성이 커지고 있었습니다. 실제로 프랑스에서는 파놉티콘 교도소 건설이 거의 성사 단계까지 갔으나 프랑스혁명

파놉티콘 형태로 건축된 쿠바의 교도소 '프레시디오 모델로Presidio Modelo'.
현재는 박물관으로 쓰인다.

이 일어나는 바람에 흐지부지되었다고 합니다.

프랑스의 현대 철학자 미셸 푸코는 파놉티콘이 근대사회의 모습을 잘 보여 준다고 생각했습니다. 그가 보기에 감옥은 사회규범을 지키지 않아 잡혀 온 죄수들에게 효율적인 감시 시스템을 통해 국가가 원하는 규율을 심는 곳이었습니다. 감옥은 가장 극단적인 예가 되겠지만, 사실 이러한 모습은 학교나 군대, 회사와 관청 등 근대사회의 주요 기관 곳곳에서 볼 수 있습니다. 우리는 사회화의 과정을 거치며 국가 혹은 사회가 요구하는 규율을 내면에 새깁니다. 마치 어떤 거대한 감시자가 지켜보는 것처럼 권력이 우리에게 심은 규율을 지켜야 한다는 압력을 받습니다.

푸코가 이야기하는 파놉티콘에 의한 감시는 사실 눈에 보이지 않는 추상적인 감시와 억압을 말합니다. 그런데 현대사회의 우리는 이런 철학적 의미의 감옥이 아니라 실제 파놉티콘에 들어가 사는 것처럼 보입니다. 그 파놉티콘을 만든 것은 역설적이게도 우리에게 많은 편리와 자유를 가져다준 기술, 바로 디지털 기술입니다.

디지털 기술 때문에 이제는 국가의 눈길을 피해 살아가는 것이 거의 불가능해졌습니다. 은행 계좌와 신용카드 정보는 모두 거대한 전산망으로 관리됩니다. 현금을 거의 쓰지 않는 요즘, 내가 신용카드로 어디에서 무엇을 얼마에 샀는지가 모두 기록에 남아, 필요한 경우 수사기관이 확인할 수 있습니다. 내 계좌로 드나드는 돈의 흐름도 모두 파악할 수 있습니다.

건물 안팎과 길가 곳곳에 있는 CCTV, 자동차마다 달려 있는 블랙박스는 언제 어디서나 사람들을 감시하는 수많은 눈이 되었습니다. 휴대폰의 위성항법장치GPS 센서와 통신사의 기지국은 내가 어느 곳을 다녔는지 낱낱이 파악하고, 유튜브 검색창에 입력한 검색어들은 내가 어떤 생각을 하며 무엇에 관심을 가졌는지 고스란히 드러냅니다. 인스타그램과 페이스북에 올린 게시물은 내가 누구와 어떻게 어울리며 다녔는지, 어떤 사회 이슈에 대해 어떻게 생각했는지 모두에게 보여 줍니다.

파놉티콘은 간수가 죄수들의 모든 행동과 모든 관계를 한눈에 파악하고 감시할 수 있는 시설입니다. 마찬가지로 디지털 기술 역시 오늘날 우리의 모든 행동과 관계를 네트워크 속에 드러내고, 흔적을 남기고, 거의 영원히 저장합니다.

물론 디지털 기술 덕분에 우리 삶은 더 편해졌고 시간과 공간의 제약에서 더 자유로워졌습니다. 디지털 기술이 점점 더 빨리, 더 많이 우리 삶의 자리를 차지해 나가는 이유입니다. 하지만 바로 그 특징들이 우리를 감시하고 위험에 노출시키는 원인이 되기도 합니다. 디지털 네트워크에 남은 사용자들의 흔적들에 접근해 자신의 이익을 위해 활용하거나 악의적으로 범죄에 이용하려는 사람들이 있기 때문입니다.

디지털 기술의 특징을 이해하고, 장점과 편리함뿐만 아니라 단점과 위험까지 함께 생각할 때 우리는 비로소 디지털 세계에서 자유롭게 살아갈 수 있을 것입니다. 그러기 위해서는 먼저 우리가 사는 디지털 세계가 어떤 곳인지 알아야 할 필요가 있겠습니다.

1장.

휴대폰은
나의 블랙박스

여러분은 누구, 혹은 무엇과 가장 많은 시간을 보내나요? 가족? 친구? TV? 책? 정답은 아마 스마트폰이겠죠? 우리는 스마트폰을 손에서 떼지 않고 삽니다. 아침에 스마트폰 알람 소리에 잠을 깨고, 카카오톡으로 친구와 대화하며 페이스북으로 재미있는 글을 보고, 인스타그램을 훑어보며 이런저런 모바일 게임을 하다가, 밤에 유튜브를 보면서 잠들죠. 아침에 집을 나섰는데 교과서를 두고 온 것이 생각났을 때는 그냥 학교로 가더라도, 스마트폰을 두고 왔다면 가지러 돌아가는 사람이 많을 것입니다.

데이터 분석 플랫폼 데이터에이아이에 따르면, 2022년 한 해 사람들은 하루 평균 5시간 2분을 스마트폰에 썼습니다. 이건 모바일 시장 규모가 큰 열 개 국가의 평균인데 우리나라 사람들도 하루 평균 5시간으로, 세계 5위를 기록했습니다. 코로나19 때문에 집에서 원격 수업을 하는 날이 많아지면서 사용 시간은 더 늘어났을 거예요.

스마트폰 이전에도…

스마트폰 이전에도 청소년들이 많이 사용하는 매체나 전자기기는 항상 있었습니다. 가장 대표적인 것이 TV입니다. 영상과 음향을 생생하게 전할 수 있는 TV는 전 세계를 사로잡았죠. 사람들은 거실에 모여 TV가 전해 주는 뉴스와 드라마, 오락 프로그램을 하루 종일 보았습니다. 책과 달리 내용을 이해하려 크게 노력할 필요 없이 전해지는 영상을 보기만 하면 되기 때문에, TV는 '바보상자'라는 별명을 얻기도 했습니다.

하지만 TV는 들고 다닐 수가 없죠. 집이나 사무실, 가게 등에 두고 봐야 해요. 반면 스마트폰은 24시간 언제나, 침실이든 화장실이든 어디에서나 나와 함께 있습니다. 또 하나 중요한 차이가

나는 파놉티콘 속에 있어

있어요. TV는 혼자 쓰는 물건이 아니라는 점입니다. 여러분 집 TV는 어디에 있나요? 주로 거실에 놓여 있겠죠. 가족과 함께 보느라 채널 다툼이 일어나기도 하고요. TV는 가족이 함께 시간을 보낼 수 있게 하는 매개체라고 할 수 있습니다.

반면 스마트폰은 온전히 여러분 자신만의 물건입니다. 부모님이 거실에서 TV로 보는 프로그램이 맘에 안 들면 스마트폰을 들고 방으로 들어가면 되죠. 유튜브나 넷플릭스에서 재미있는 영상을 얼마든지 찾아볼 수 있습니다. 유튜브의 알고리즘은 여러분만을 위한 추천 영상을 계속 보여 줍니다.

컴퓨터는 어떤가요? 기능적으로 스마트폰과 가장 비슷한 것은 컴퓨터입니다. (사실 스마트폰 자체가 주머니 속에 넣을 수 있는 컴퓨터죠.) 게임, 업무, 음악 듣기, 동영상 보기, 채팅, 인터넷 서핑 등 다양한 일을 할 수 있어요. 일과 공부를 위해서도, 또 오락과 여가를 위해서도 꼭 필요한 물건이죠. 하지만 컴퓨터도 TV와 같은 약점이 있습니다. 들고 다닐 수 없고, 방이나 교실, 사무실의 책상 위에 두고 써야 한다는 것입니다.

데스크톱이 아닌 노트북 PC는 스마트폰과 좀 더 비슷합니다. 컴퓨터의 거의 모든 기능이 가능하면서도 들고 다닐 수 있죠. 강의실과 도서관을 옮겨 다니며 공부하는 학생이나 외근이 잦은 직장인에게 필수품입니다. 하지만 스마트폰에 비하면 휴대성이 많이 떨어지고, 전화와 문자가 안 되며, 카메라 촬영이 불편하기 때문에 스마트폰을 대체하기는 어려워 보입니다. 개인화된 기기보다는 들고 다니는 업무 도구에 가깝죠.

단 한 사람만을 위한 전자 기기의 원조는 '워크맨'이 아닐까 싶습니다. 아마 요즘 청소년 중에는 워크맨이 무엇인지 모르는 친구들이 많을 듯합니다. 가방에 넣거나 손에 들고 다닐 수 있는 작은 카세트테이프 재생 장치입니다. 카세트테이프는 자기테이프에 음성을 담은 저장 매체인데, 역시 이제는 거의 쓰이지 않기 때문에 청소년들에게는 낯설 거예요. 일본 소니사가 '워크맨'이라는 상표로 1979년 처음 선보였습니다.

당시 TV나 전축(오디오 기기) 등 모든 전자 제품들은 거실이나 방에 두고 써야 할 정도로 덩치가 컸습니다. 라디오만은 들고 다닐 수 있을 정도로 크기가 줄어들었지만 방송국에서 틀어 주는 음악을 일방적으로 듣는 것만 가능했죠. 그런데 워크맨이 있으면 집, 자기 방, 길거리나 버스 안 등 어디서든 이어폰을 귀에 꽂고 다른 사람을 신경 쓸 필요 없이 자신이 원하는 음악을 들을 수 있었습니다.

워크맨으로 인해 다른 사람과 공유하지 않고 온전히 혼자서 음악을 즐기는 문화가 생길 수 있었습니다. 많은 사람들로 복잡한 지하철 안이나 번화한 길거리에서 이어폰을 꽂고 음악을 들

소니의 워크맨과 카세트테이프

는 모습은 군중 속에서도 자기만의 세계를 추구하는 현대인의 상징 같은 것이 되었죠. 워크맨은 이후 디지털 기술이 발달하면서 MP3 플레이어 등으로 발전합니다. 다만 이런 기기들은 들고 다니기 좋고 개인화되기는 했어도 음악과 같은 음성 콘텐츠를 듣는 데만 쓸 수 있었어요.

게임도 예전부터 많은 청소년들이 즐겨 온 콘텐츠입니다. 학교 끝나고 PC방에 가서 친구들과 게임하며 노는 친구들이 참 많죠. 게임은 시간 가는 줄 모르고 몰입하게 된다는 면에서 스마트폰과 맞먹습니다. 그래서 게임 중독이나 게임 과몰입이라는 말도 자주 화두에 오르죠. 하지만 게임은 일상에 필요한 다른 기능이나 정보를 주지는 못합니다. 게임이 끝나면 스위치를 끄고 게임 세상 밖으로 나올 수 있죠(나오지 않는 사람들도 간혹 있긴 합니다만). 반면 스마트폰은 게임뿐 아니라 업무와 학업, 일상에 필요한 다양한 기능을 함께 갖고 있어서 게임보다 훨씬 깊숙이 생활 속에 들어와 있습니다.

스마트폰은 한 사람만을 위한 기기이고, 나와 24시간 함께합니다. 제한된 기능만을 하는 다른 기기와 달리 문자와 메일, 위치 정보, 지문을 비롯한 생체 정보, 금융 정보는 물론 메신저와 소셜 네트워크, 검색, 메모 등 사용자의 일상 전반에 걸쳐 상세한 기록을 갖고 있습니다. 이 모든 정보는 오직 사용자 한 사람만의 것이죠. 개인의 모든 활동 기록이 담겨 있는 블랙박스라 해도 과언이 아닙니다.

이런 것까지 기록되고 있다고?

이 블랙박스 속에 무엇이 담기는지 조금 더 자세히 살펴볼까요? 우선 스마트폰은 나의 위치와 이동 경로를 압니다. 내가 어디 있는지, 어디로 가는지, 어느 곳을 거쳐 왔는지를 기억합니다. 스마트폰에는 위치를 파악하는 GPS 센서가 기본적으로 들어 있기 때문입니다.

　　　　　　　　　　　나는 파놉티콘 속에 있어

GPS는 '범지구 위치 결정 시스템global positioning system'의 약자로, 우주에 띄운 여러 대의 위성에서 신호를 받아 위치를 파악하는 기술입니다. 지구 위 어디에 있건 위성 신호를 받을 수 있다면 정확한 위치를 알 수 있습니다. 운전할 때 길을 안내하는 내비게이션이 GPS를 사용하는 대표적 사례죠.

스마트폰에는 GPS 신호를 수신하는 센서가 내장되어 있어서 사용자의 위치를 정확히 알 수 있습니다. GPS 센서 외에도 움직임과 이동을 감지하는 여러 센서가 들어 있습니다. 가속도 센서는 말 그대로 가속도, 즉 물체의 속도 변화를 측정하고, 자이로 센서는 회전하는 물체의 회전각과 기울기 등을 측정하고, 중력 센서는 중력의 방향과 강도를 감지합니다.

이들 센서를 적절히 결합하면 스마트폰 소지자의 움직임을 정확히 파악할 수 있습니다. 기기를 들어 올려 귀에 갖다 대면 화면이 꺼지게 한다거나, 스마트폰 쥐는 가로세로 방향을 바꿀 때 화면이 회전하게 하는 것도 이들 센서를 활용한 것입니다. 걷고 있는지, 자동차로 이동 중인지, 자전거를 타고 있는지 등도 속도 변화를 감지해 알 수 있습니다. 운동할 때 쓰는 피트니스 앱들은 센서에서 나오는 이런 정보를 바탕으로 우리가 어떤 경로로 얼마나 오래 운동했는지 알려 줍니다.

휴대폰으로 사람의 위치를 알아내는 방법은 또 있습니다. 휴대폰은 근처의 기지국과 끊임없이 신호를 주고받으며 자신의 위치를 알립니다. 그래야 전화를 걸거나 받을 때 통신사에서 휴대폰을 찾아 연결할 수 있기 때문입니다. 다시 말해 다른 모든 센서가 없다 하더라도 휴대폰이 마지막으로 접속한 기지국 반경 안쪽이라는 대략적 위치는 파악할 수 있다는 것입니다. 참고로 서울 지역 기지국은 보통 3~5킬로미터 반경의 범위를 담당합니다.

대부분의 사람들은 스마트폰을 항상 들고 다니기 때문에 이들 센서와 기지국 정보를 조합하면 사용자의 거의 정확한 위치와 이동 경로를 알 수 있습니다. 그뿐이 아닙니다. 구글의 안드로이드 운영체제^{OS} 스마트폰을 쓰거나, 운영체제가 다른 아이폰 같은 경우라도 구글 서비스를 이용한다면 여러분의 위치 정보가 추적되고 있을 가능성이 큽니다.

PC나 스마트폰에서 '구글 지도'에 접속한 후 '내 타임라인'이라는 메뉴를 찾아 들어가 보세요. 아마 방문했던 장소나 이동 경로가 기록되어 있을 것입니다. 스마트폰 기기를 처음 설정할 때 동의를 거절하지 않았다면, 이후 위치 정보가 자동으로 남게 됩니다. 이는 과거 여행의 추억을 돌아보거나 예전에 방문했던 곳을 다시 찾고 싶을 때 유용한 기능입니다. 하지만 혹시라도 계정 정보가 유출될 경우, 별로 알리고 싶지 않은 과거 방문 기록이 드러나거나 누군가가 내 동선을 파악하고 범죄를 계획할 위험성도

나는 파놉티콘 속에 있어

있습니다. 이런 상황을 원하지 않는다면 설정을 조정해 위치 정보 저장을 멈출 수 있습니다.

또 스마트폰에는 내가 다른 사람과 통화하고 문자를 주고받은 내역이 고스란히 남아 있습니다. 요즘은 전화로 직접 대화하기보다는 문자 메시지나 카카오톡 메신저로 이야기하는 경우가 많죠. 그 안에 말 그대로 온갖 이야기가 담겨 있습니다. 친구와의 장난, 연인에게 한 고백, 돈 문제를 둘러싼 다툼까지도요. 연예인들의 비밀 연애에서 정치인의 갑질까지, 요즘 뉴스에 나오는 폭로 기사에는 대부분 메시지 캡처 화면이 증거로 등장하죠.

스마트폰으로 사진도 정말 많이 찍죠? 친구들과 카페에 가서 맛있는 케이크를 앞에 두고 한 장 찍고, 교실에서 친구가 우스꽝스러운 장난을 하면 또 한 장 찍습니다. 집에서 심심하면 셀카를 수십 장씩 찍기도 할 거예요. 그런데 그렇게 디지털 사진을 찍을 때 상세한 정보가 사진 파일에 남는다는 사실을 알고 있나요? 언제 어디서 찍었는지, 무슨 카메라 혹은 스마트폰 기종으로 찍었는지, 초점이나 조리개를 어떻게 설정했는지 등에 대한 정보가 담겨 있습니다. 이러한 사진 자체에 대한 정보를 '메타 데이터'라고 합니다.

과거 필름 사진을 찍던 사진작가들은 이런 정보를 일일이 손으로 기록해 두어야 했습니다. 하지만 디지털 사진에는 모두 자동으로 기록됩니다. 이제는 전문 사진사뿐 아니라 모든 사람이 손에 고성능 디지털카메라, 즉 스마트폰을 들고 수시로 사진을 찍고 그 사진을 인터넷에 올리죠.

여러분이 별생각 없이 올린 이 사진을 누군가 내려받아 사진에 있는 위치와 시간 정보 등을 바탕으로 여러분의 동선이나 생활 반경을 알아낼 수도 있습니다. 디지털 지도에서 보여 주는 거리와 건물의 실사 사진을 바탕으로 사진이 찍힌 정확한 위치를 추정할 수도 있죠. 그게 여러분의 집이나 학교가 될 수도 있습니다. 인터넷에 사진을 올릴 때 이러한 점을 꼭 명심해야 합니다.

디지털 포렌식이란?

앞에서 이야기한 것처럼 스마트폰이 사용자에 관한 모든 기록을 담은 블랙박스와 같다면, 다른 사람이 그 내용을 알아야 할 때도 있을 수 있습니다. 범죄의 증거나 실종된 사람을 찾아야 하는 경우 등이죠. 이 블랙박스의 안을 들여다보는 작업이 바로 디지털 포렌식이라 할 수 있습니다.

'포렌식forensic'은 '법의학'이란 뜻의 영어 단어입니다. 사건 현장을 조사해 증거를 찾거나 시신을 부검하는 일 등을 포함하죠. 그중에서도 디지털 포렌식은 디지털 정보와 관련된 포렌식 행위입니다. 컴퓨터나 스마트폰 같은 디지털 기기, 하드디스크나 USB 드라이브 같은 저장 매체, 네트워크, 인터넷 등에 남아 있는 데이터를 복구하거나 수집하고 분석해 범죄 단서를 찾는 수사 기법을 말합니다.

수사관은 디지털 기기나 장치를 입수한 후 최대한 발견 당시의 상태 그대로 보존해야 합니다. 디지털 자료는 위조하거나 변조하기가 쉬워서, 원본 그대로가 아니라면 증거로 인정하지 않기 때문입니다. 따라서 그 속에 담긴 내용을 물리적 구조까지 그대로 복제하는 '디스크 이미징disk imaging'을 실시하고, 이렇게 뜬 이미지를 분석합니다.

2017년 10대 학생이 공원에서 초등학생을 유괴하여 살해한 사건이 있었습니다. 이때 범인은 "(피해자가 휴대전화를 쓰게 해 달라고 부탁했는데) 배터리가 방전돼 집 전화를 쓰게 하기 위해 집에 데려간 것"이라고 주장했습니다. 하지만 휴대폰을 분석한 결과, 당시 범인의 휴대폰 배터리는 방전 상태가 아니었습니다. 이 외에도 검색 기록 등 휴대폰에 남은 여러 내용들에 대한 분석 결과가 증거가 되어 범인을 붙잡을 수 있었습니다.

한편 디지털 포렌식이 발달하는 만큼, 외부에서 자신의 컴퓨터나 휴대폰을 들여다보는 것을 막아 프라이버시를 지키는 방법에도 관심이 쏠립니다. 컴퓨터를 버릴 경우에는 하드디스크를 빼서 망치로 두드리거나 못으로 찔러 물리적으로 파괴해 버리는 방법이 있습니다. 하드디스크에 강력한 자기장

더보기

을 쬐어 저장된 정보를 모두 날려 버리는 방법도 있는데, 이는 주로 전문적으로 데이터를 관리하는 기업에서 할 수 있는 일입니다.

스마트폰의 보안을 지키려면 비밀번호를 될 수 있는 한 긴 자릿수로 설정하는 것이 좋습니다. 비밀번호가 길수록 문자 조합을 통해 알아내기가 어려워지기 때문입니다. 또 지문 인식이나 얼굴 인식 기능을 함께 쓰는 것도 좋습니다.

디지털 포렌식은 엄격하게 보자면 법정 재판에서 적법하게 쓸 수 있는 범죄 사건의 증거를 찾는 행위라고 봐야 합니다. 하지만 최근에는 범죄와 상관없이 기업 회계 등 민간 영역에서 분쟁을 해소하거나 감사를 하기 위해 디지털 정보를 수집하는 것까지도 디지털 포렌식이라 부릅니다.

2장

소셜 미디어는
나의 공개 일기장

여러분은 일기를 쓰나요? 초등학생 때 그림일기를 써서 선생님에게 검사받았던 기억이 다들 있을 것입니다. 일기를 쓰면 자신을 돌아볼 수 있고, 생각을 정리해 성장의 계기로 삼을 수 있고, 글솜씨도 좋아집니다. 하지만 이렇게 좋은 점이 많다는 것을 알아도 귀찮고 번거로워 일기를 잘 쓰지 않는 사람이 대부분이죠.

그런데 사실 현대를 사는 우리는 과거 어느 시대의 사람들보다도 더 부지런히 일기를 쓰고 있습니다. 여러분이 인스타그램에 올리는 음식 사진과 친구들 사진, 셀카는 디지털 시대의 그림일기라 할 수 있으니까요. 틱톡에 올리는 춤 영상도 마찬가지고, 친구나 선생님, 가족에게 서운한 일이 있어 페이스북에 쏟아 내는 저격 글도 여러분의 심경을 담은 일기죠. 카카오톡에서 친구와 주고받은 수다는 곧 오늘을 사는 여러분의 감정과 느낌에 대한 기록입니다.

좋아하는 책이나 가수, 애니메이션에 대해 블로그에 올려놓은 글은 여러분의 독서 일기, 음악 일기, 영화 일기입니다. 미래의 유명 크리에이터를 꿈꾸는 학생이 유튜브에 올리는 브이로그는 그 자체로 일상을 기록한 영상 일기가 되죠. 사실 블로그[blog]나 브이로그[vlog]에 들어가는 'log'라는 단어 자체가 '기록'이라는 의미입니다. 블로그는 'web + log', 브이로그는 'video + log'의 줄임말이거든요.

전체공개 일기장

우리는 일기를 쓴다고 인식하지 않은 채, 수많은 조각 일기를 매일 인터넷에 올리고 있습니다. 페이스북과 인스타그램, 트위터, 카카오톡, 유튜브 모두 일기장입니다. 심지어 이들 대부분은 세상 모두가 볼 수 있는 공개 일기장이죠. 사람들은 일기장은 자물쇠를 채워 책상 서랍 깊은 곳에 꼭꼭 숨겨 두지만, 정작 세상 누구나 볼 수 있는 인터넷 공간에는 스스로를 거리낌 없이 노출하고 있습니다.

만약 내 일기장을 친구나 가족이 훔쳐본다면, 나에 관한 내밀한 이야기는 아마 주변 사람들에게만 알려지게 될 것입니다. 하지만 내가 소셜 미디어나 온라인 커뮤니티 게시판에 올린 글은 나를 전혀 알지 못하는 사람, 나와 상관없는 사람에게도 퍼져 나갈 수 있습니다. 무심코 올린 글이 전국적인, 혹은 전 세계적인 관심사가 되는 일도 종종 벌어집니다. 인터넷 유머 게시판에는 누군가가 페이스북과 트위터, 대학생 커뮤니티 '에타(에브리타임)' 등에 올린 웃긴 글이나 황당한 내용의 글이 '박제'되어 끊임없이 올라옵니다. 대학 선배가 학과 단톡방에서 후배들에게 과도한 군기를 잡는 정황이 그대로 화면 캡처되어 퍼져 나가기도 했었죠.

소셜 미디어에 올린 글과 사진, 영상은 곧 여러분 삶의 기록입니다. 그 기록들을 모아서 살펴보면 여러분이 누구인지, 어떤 사람인지 짐작하는 것은 어렵지 않습니다. 그렇게 모든 생각과 생활을 온 세상에 공개한다는 것은 마치 감시 등이 밝게 비추는 파놉티콘 안에서 생활하는 것과 같죠.

나는 파놉티콘 속에 있어

모든 일기가 모이는 곳

페이스북은 30억 명에 가까운 사용자를 갖고 있습니다. 세계 인구의 3분의 1 정도가 한 달에 한 번은 페이스북에 접속한다는 것이죠. 페이스북은 이렇게 많은 사람들이 누구와 친구를 맺는지, 누구의 글에 '좋아요'를 많이 누르는지, 어느 회사나 모임의 페이지에 '좋아요'를 눌렀는지 모두 알 수 있습니다.

'나는 요즘 페이스북 잘 안 하는데?' 하고 생각하는 친구들도 있을 거예요. 하지만 인스타그램은 매일 쓰고 있지 않나요? 인스타그램도 10억 명이 넘는 사용자를 갖고 있습니다. 페이스북을 운영하는 회사는 '메타'라는 곳인데(원래는 기업명 역시 페이스북이었지만, 얼마 전 메타로 이름을 바꾸었답니다) 이 회사가 인스타그램의 주인이기도 하죠. 2012년 인스타그램을 10억 달러, 당시 환율로 약 1조 원에 인수했기 때문입니다. 당시 인스타그램은 직원이 열세 명밖에 없었고, 매출도 거의 없었습니다. 앱 다운로드 횟수가 약 3,000만 건 정도였던 시절이죠. 하지만 메타는 얼마 안 가 사진이 가장 중요한 소통 수단이 될 것을 예측하고 과감히 인스타그램을 사들였습니다.

메타는 세계에서 가장 많은 사람이 쓰는 '왓츠앱'이란 메신저도 갖고 있습니다. 우리나라에는 쓰는 사람이 별로 없지만 전 세

페이스북, 인스타그램, 왓츠앱 등을 소유한 빅테크 기업 메타

계 사용자가 20억 명 수준으로, 4,700만 명 정도인 카카오톡과 비교가 되지 않아요. 특히 유럽, 남미, 인도, 미국 등에서 사용자 비율이 압도적입니다. 왓츠앱 역시 메타가 2014년 190억 달러, 약 20조 원에 인수했습니다. 어마어마하죠? 그렇게 세계 수십억 명의 사람들이 올리는 사진과 글, 주고받은 대화, 친구 관계 등이 모두 한 회사의 관리 아래 있는 것입니다.

　우리나라에서는 카카오톡이 국민 메신저입니다. 카카오톡에 남긴 대화 기록은 모두 내 스마트폰이나 대화 상대방, 혹은 단톡방의 누군가의 기기에 남아 있습니다. 누군가가 언제든 인터넷에 공개할 수도 있습니다. 카카오톡이나 문자 메시지로 대화한 내용은 나중에 다툼이 생겼을 때 나에게 불리한 증거로 작용할 수도 있죠. 이미 우리는 뉴스를 통해 사람들의 카카오톡 대화 내용이 공개되고, 이것이 분쟁에서 한쪽의 주장을 입증하는 중요한 증거로 쓰이는 사례들을 많이 보고 있습니다.

대화뿐만이 아닙니다. 카카오톡 프로필 사진을 수시로 바꾸는 사람들이 많죠. 가족, 친구와 함께 좋은 곳에서 찍은 그 사진들은 우리가 무엇을 하는 사람인지, 가족과 친구는 누구인지, 집이나 직장은 어디인지 등을 추정하는 중요한 단서가 될 수 있습니다. 게다가 카카오는 요즘 은행 사업도 하고, 택시 호출 같은 모빌리티 사업도 합니다. 모두 카카오 계정으로 로그인해서 이용합니다. 카카오톡에 우리의 친구 관계, 일상, 금융, 동선 등이 모두 얽혀 있다는 이야기입니다.

누군가의 전화번호나 이메일 주소, 혹은 어느 사이트에서 사용하는 닉네임을 안다면 인터넷에서 그 사람의 흔적을 찾는 것은 그리 어려운 일이 아닙니다. 우리는 수많은 사람이 모여 서로의 거의 모든 것을 볼 수 있는 인터넷이란 공간에서 자신의 모습을 별다른 경계심 없이 드러내고 다닙니다.

구글, 메타, 아마존 등 대형 테크 기업들은 그와 같은 온갖 기록들을 조합해서 우리에 대한 많은 정보를 확보하고 있습니다. 나보다 나를 더 잘 안다고 할 수도 있어요. 이에 대해선 다음 장에서 더 자세히 이야기하기로 합시다.

　일단은 소셜 미디어가 나의 거의 모든 것을 세상의 거의 모든 사람에게 드러낼 수 있는 공개 일기장이란 사실을 기억하는 것이 가장 중요합니다. 이 일기장을 어떻게 관리해야 하는지도 차차 이야기하기로 해요.

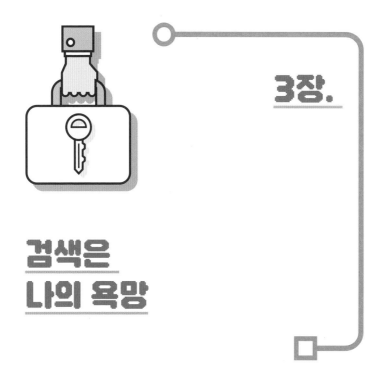

3장.

검색은
나의 욕망

기네스북이란 책에 대해 들어 본 적 있나요? 세계에서 가장 키가 큰 사람, 가장 오래 산 사람, 가장 높은 건물 등 공신력 있는 각종 세계기록을 모아 둔 책이죠.

이 책은 영국의 맥주 회사 기네스가 발간합니다. 기네스의 사장이 친구들과 사냥을 하다가, 사냥감이 되는 새 중에서 가장 빠른 새가 무엇이냐를 놓고 논쟁을 벌인 것이 계기가 되었다고 합니다. 많은 사람이 궁금해하는데 확인하기 어려운 내용들을 정리해 둔 책을 만들면 재미있겠다는 생각을 한 것이죠. 1955년 처음 발간되었는데, 술자리에서 벌어지곤 하는 논쟁에 답을 제시하는 것을 주요한 목적 중 하나로 삼았다고 합니다.

하지만 요즘은 친구들과 수다 떨며 놀다가 이런 궁금증이 생길 때 굳이 기네스북을 들춰 볼 필요가 없습니다. 그냥 스마트폰을 꺼내 검색창에 궁금한 점을 입력하면 되죠. 검색창은 우리의 모든 궁금증을 해결해 주는 마법의 열쇠입니다. 예전에는 알고 싶은 것이 있다면 도서관에 가서 책이나 옛날 신문을 뒤져야 했지만, 지금은 세계에서 가장 큰 도서관이 각자의 손바닥 위에 있습니다. 빌 게이츠 마이크로소프트 창업자가 꿈꿨던 '세계 모든 정보가 손끝에' 있는 세상이 다가온 것입니다.

검색의 진화

검색 서비스는 인터넷의 발달과 함께 등장했고, 다시 인터넷의 발달을 촉진했습니다. 1980년대와 1990년대에 걸쳐 인터넷 웹 페이지의 수가 늘어나면서, 그중 원하는 정보가 담겨 있는 곳을 찾기 위한 안내서가 필요해졌습니다. 일종의 인터넷 전화번호부가 필요해진 것이죠. 이런 종류의 서비스로 가장 먼저 유명해진 것이 야후입니다. 야후 검색은 전화번호부처럼 웹 사이트를 종류별로 분류하는 방식이었습니다. 공공기관, 기업, 영화 등 큰 범주에 따라 사이트를 나누고, 해당하는 주제의 웹 페이지들을 한데 모아 보여 주었습니다.

그러다 구글이 등장하면서 검색 서비스는 크게 업그레이드되었습니다. 구글은 미국 스탠퍼드대학 대학원에서 컴퓨터공학을 공부하던 래리 페이지와 세르게이 브린이 1998년 창업했습니다. 검색의 핵심은 사용자가 찾는 정보를 가장 알차게 담은 웹 페이지를 최대한 빠르고 정확하게 찾아 알려 주는 것인데, 구글은 그 효과적인 방법을 찾아냈습니다.

우리가 '인터넷의 원리'가 궁금해 인터넷에서 정보를 찾는다고 해 봅시다. 인터넷의 원리를 설명해 놓은 페이지는 아마 굉장히 많을 것입니다. 그중에는 신뢰성 높은 정보를 충실히 설명한 곳도 있겠지만, 부정확한 내용을 대강 적어 놓은 곳도 있겠죠. 검색 엔진은 수많은 웹 페이지 중 가장 좋은 정보를 담은 곳을 검색 결과의 맨 위에 올려놓아야 합니다.

인터넷 웹 페이지에는 '하이퍼링크'라는 기능이 있습니다. 한 페이지에서 다른 페이지로 바로 이동할 수 있는 기능입니다. 인터넷 서핑을 하다 보면 색이 파랗고 밑줄이 그어져 있는 텍스트를 볼 수 있습니다(색이나 밑줄 유무는 디자인에 따라 바뀔 수 있습니다). 이 텍스트를 클릭하면 미리 설정된 다른 페이지로 넘어가죠.

보통 관련 정보를 담은 페이지를 연결해 필요한 경우 바로 들어가서 내용을 볼 수 있도록 하는 데 쓰입니다. 예전에는 책을 읽다가 어떤 내용을 더 자세히 알고 싶을 경우, 그에 대한 다른 책을 서점이나 도서관에서 찾아보아야 했습니다. 하지만 인터넷에서는 하이퍼링크를 통해 추가 정보를 바로 볼 수 있죠. 이 하이퍼링크야말로 인터넷의 가장 중요한 특징 중 하나입니다.

만약 어떤 웹 페이지가 충실한 내용을 담고 있다면, 다른 여러 사이트에서 하이퍼링크를 통해 그 페이지를 인용하고, 참조합니다. 이를테면 '인터넷 산업의 발달 과정'을 설명하는 사이트가 서문에 '인터넷의 원리'를 간략히 다루면서, 그에 대해 잘 설명해 놓은 페이지로 링크를 거는 것이죠. 즉, 다른 페이지에 링크가 많이 걸린 페이지라면 품질이 좋다고 볼 수 있다는 말입니다.

이건 마치 학술 논문의 가치를 평가하는 방식과 비슷합니다. 논문을 쓸 때는 자신이 참고하고 인용한 논문을 주석으로 명확히 밝혀야 합니다. 자기 주장의 근거를 제시하는 동시에, 다른 사람의 지식을 훔치지 않았음을 보여 주는 것이죠. 논문의 가치를 정확히 평가하기란 쉽지 않지만, 보통 인용이 많이 된 논문은 영향력이 크고 가치 있는 논문으로 인정받습니다.

구글의 검색 알고리즘은 이렇게 웹 페이지의 링크를 분석해 정보의 품질을 판단합니다. 이 외에도 많은 복잡한 요소를 고려

전 세계의 검색 시장을 제패한 구글

하지만, 핵심은 그렇습니다. 이 알고리즘을 구글 창업자 래리 페이지의 이름을 따서 '페이지 랭크'라고 부릅니다. 페이지 랭크에 힘입어 구글은 순식간에 세계 최대 인터넷 기업으로 성장합니다. 현재 세계 검색 시장의 대략 90퍼센트를 차지하고 있죠.

구글이 검색 시장을 장악하지 못한 몇 안 되는 나라 중 하나가 바로 우리나라입니다. 우리나라 검색 시장에서는 2000년대 초반부터 네이버가 1등 자리를 지키고 있습니다. 네이버는 지식인, 블로그, 카페, 뉴스 등 자체 서비스를 많이 만들고 여기에서 사용자들이 생산한 정보를 검색에 활용해 유용성을 높인 것이 특징입니다.

내 욕망을 쥐고 흔드는 검색 기업들

검색은 인터넷상의 정보를 찾기 위해 등장했고, 다시 인터넷상 정보의 양을 폭발적으로 늘리는 데에 기여했습니다. 사람들이 쉽고 편리한 검색에 의존하게 되면서, 기업과 조직들이 역으로 검색을 통해 사람들에게 접근하려 했기 때문입니다. 인터넷 검색이 광고나 홍보, 마케팅의 새로운 무대가 된 것입니다. 요즘은 광고 캠페인 영상에 '네이버에 OOO을 검색하세요'라는 등의 문구가 당연히 따라붙지만, 불과 십수 년 전만 해도 이는 굉장히 참신한 홍보 기법이었습니다.

검색 광고의 등장은 인터넷의 역사에서 상당히 중요한 사건입니다. 구글은 어떤 검색어를 입력했을 때 나오는 결과 옆에 관련 사이트를 노출시키는 광고 상품을 만들었습니다. 누군가 '중고차 속지 않고 사는 법'이란 검색어를 입력했을 때, 중고차 판매자가 돈을 내고 자기 사이트의 이름과 주소를 보여 줄 수 있게 한 것입니다.

구글은 주요 검색어에 대한 광고 자리를 경매 방식으로 판매했습니다. 그 덕에 TV나 신문 광고를 내기 어려운 중소기업이나 소상공인도 비교적 낮은 비용으로 광고를 해 소비자에게 자신을 알릴 수 있었습니다. TV 광고에 비해 낮은 비용이라고 해도 광고

나는 파놉티콘 속에 있어

주의 수가 폭증했기 때문에 구글이나 네이버 같은 검색 포털 기업은 엄청난 돈을 벌 수 있었습니다. 이제 디지털 광고 시장은 기존 TV나 인쇄 매체 광고 시장보다 큽니다.

광고주들이 검색 광고를 많이 하는 것은 그만큼 효율적이기 때문입니다. 그리고 검색 광고가 효율적인 이유는 사람들의 의도와 욕망이 곧바로 검색어에 반영되기 때문입니다. '공룡'을 검색하는 사람은 공룡에 관심을 가진 사람이고, 그렇다면 영화 〈쥬라기 월드〉를 보거나 공룡에 대한 책을 살 가능성도 크다는 이야기입니다. 이는 광고를 해서 물건을 팔려는 광고주 입장에서 무엇보다 소중한 정보죠.

즉, 검색 기록은 사람들의 욕망과 의도를 담은 거대한 데이터베이스라고 할 수 있습니다. 많은 경우 이 같은 욕망과 의도는 곧 '돈을 쓴다'는 행위의 전조입니다. 사람들이 무엇을 원하는지, 무엇에 관심 있는지, 숨은 욕망은 무엇인지 등을 검색 포털 기업보다 잘 아는 곳이 있을까요? 어떤 정부, 어떤 정보기관, 어떤 시장 조사 기업이라도 이렇게 많은 사람에 대해 이렇게 잘 알기는 어려울 거예요.

요즘은 없어졌지만, 예전에는 네이버나 다음 포털에 들어가면 '실시간 급상승 검색어'라는 것을 볼 수 있었습니다. 사람들의 검색 횟수가 최근 갑자기 크게 늘어난 검색어들을 보여 주는 것이었죠. '갑자기 평소보다 검색량이 늘어난 것은 지금 사람들이 가장 많이 궁금해하고 관심 갖는 것'이라는 논리입니다. 실제로 검색어 순위에 오르는 것이 연예인의 인기 척도로 간주되기도 했습니다.

여러 사람들이 별생각 없이 자신의 필요에 따라 입력하는 검색어가 사회 전체의 거대한 흐름을 미리 보여 주는 전조가 되기도 합니다. 예를 들어 '기침'이나 '감기약' 등의 검색량이 갑자기 크게 늘어난다면, 독감이 유행한다는 사실을 보건 당국이 감지하기도 전에 검색 포털 기업이 먼저 알 수도 있습니다.

요즘 구글이나 네이버는 어떤 검색어가 시간 흐름에 따라 얼마나 많이 혹은 적게 검색되는지 보여 주는 '트렌드' 정보를 제공하는데, 이 또한 유익한 정보가 될 수 있습니다. 대통령 선거 같은 큰 선거를 앞두고 어떤 후보의 이름이 많이 검색되는지 보면, 여론조사 결과와는 별개로 실제 여론의 흐름을 엿볼 수 있습니다. 2016년 미국 대통령 선거 때 여론조사 회사들은 힐러리 클린턴 민주당 후보의 압승을 예측했지만, 결과는 도널드 트럼프 공화당 후보의 당선이었죠. 당시 구글 트렌드(trends.google.com)상에는 트럼프의 검색량이 압도적으로 많은 것으로 나타났었습니다. 물론 트렌드 정보는 사람들이 특정 후보를 지지하기 때문에 검색하는지, 싫어해서 검색하는지는 보여 주지 못합니다.

다음과 네이버는 각각 2020년, 2021년 실시간 검색어 서비스를 중단했다.

　실제로 조 바이든 민주당 후보가 트럼프를 꺾은 2020년 선거에서는 여론조사가 맞고 구글 트렌드가 틀렸습니다. 트렌드 정보에는 여러 변수가 있기 때문에, 큰 흐름을 보여 줄 뿐 항상 정확한 예측을 한다고 볼 수는 없죠. 그럼에도 수많은 사람이 검색이라는 행위를 통해 나타내는 무의식의 집합은 정교한 여론조사보다 나은 결과를 보여 주는 경우가 많습니다.

　그런데 이렇게 중요한 검색 사업을 대규모로 하는 기업의 수는 세계적으로 몇 군데 되지 않습니다. 세계 시장의 90퍼센트 이상을 장악한 구글, 14억 인구의 중국 시장에서 1등을 하고 있는 바이두 정도이죠. 그리고 우리나라의 네이버, 일본의 야후 재팬, 러시아의 얀덱스라는 회사 정도가 구글에 맞서 자국 시장을 지키는 기업들입니다. 검색어를 통해 드러나는 세계인의 의도와 욕망, 무의식이 열 개 미만 기업의 손안에 들어 있는 셈이죠.

CCTV는
나를 주시하는 눈

이제는 어디를 가든 CCTV를 쉽게 볼 수 있습니다. 버스 정류장에도, 지하철역에도, 식당에도, 은행에도, 골목길에도 CCTV가 설치되어 우리를 지켜보고 있습니다. 누구든 현관문을 나서는 순간 촬영되기 시작한다 할 수 있습니다.

우리나라에는 CCTV가 몇 대나 설치되어 있을까요? 우리나라 공공기관이 공공장소에 설치해 운용하는 CCTV는 2018년 103만 대에서 2021년 145만 대 이상으로 늘었습니다. 2021년 영국의 사이버 보안 기업 컴패리텍의 조사에 따르면, 서울의 공공 감시 카메라 수는 7만 7,564대였습니다. 단위 면적 1제곱마일(2.6제곱킬로미터)당 CCTV가 가장 많이 설치된 도시는 인도 델리(1,827대), 영국 런던(1,138대) 등이었고, 상위 20개 도시 중 중국 도시가 11개였으며 서울(332대)은 세계 11위였습니다.

이렇게 보면 우리나라 CCTV 수가 그렇게 많아 보이지 않는데요, 이는 공공기관이 설치한 CCTV만 헤아린 것이기 때문입니다. 민간에서 설치한 CCTV를 합하면 수는 확 늘어납니다. 전문가들은 우리나라에 설치된 전체 CCTV 수가 800만 대 이상일 것으로 보고 있습니다. 국가인권위원회는 우리나라 사람들이 하루에 평균 83.1회, 이동 중 9초에 한 번꼴로 CCTV에 찍힌다는 조사 결과를 발표한 바 있습니다. 이게 벌써 10년 전 이야기입니다.

실질적으로 웬만한 도시에는 우리가 걷고 밥을 먹고 사람을 만나는 모든 장소에 CCTV가 있다고 봐야 합니다. 마치 영화 〈반지의 제왕〉에서 '절대 반지'를 찾기 위해 세상 모든 곳을 감시하는 '사우론의 눈' 같죠.

'이동형 눈'의 등장

CCTV뿐 아닙니다. 사람마다 들고 다니는 스마트폰은 주머

　　　　　　　　　나는 파놉티콘 속에 있어

니 속 카메라이기도 합니다. 사람들은 요즘 신기하거나 특이한 일을 접하면 스마트폰을 들어 촬영을 시작하죠. 어디서 무슨 일이 생기건, 누군가 사진이나 동영상을 찍어 두었을 가능성이 높습니다.

지나다니는 차량마다 설치된 블랙박스도 CCTV의 빈틈을 촘촘히 메웁니다. 길에서 어떤 사건이 발생했다면 마침 근처를 지나가던 버스나 길가에 주차된 승용차의 블랙박스가 그 현장을 찍고 있었을지 모릅니다. 길마다, 골목마다, 건물마다 고정된 '눈'인 CCTV가 설치돼 있고, 그 빈자리를 스마트폰과 블랙박스 같은 이동형 '눈'이 채우는 것이죠.

실제로 뉴스, 유튜브, 인터넷 게시판 등에는 사람들이 찍은 사진과 동영상이 끊임없이 올라옵니다. 때로는 사람들의 잘못된 행동을 고발하고, 때로는 보기 드문 선행을 알리는 역할을 하기도 합니다. 중요한 것은 우리의 모든 행동이 사진과 영상으로 남을 가능성이 매우 커졌다는 점입니다. 온라인에서 우리의 거의 모든 활동이 기록에 남고 추적당할 수 있는데, 오프라인에서는 CCTV 등 카메라가 이 역할을 한다는 이야기죠.

보호자 vs. 감시자

CCTV는 양면성을 갖습니다. 먼저 범죄의 용의자를 추적하거나 사고 원인을 찾기 위한 자료를 남겨 공공의 안전을 지키는 데 중요한 역할을 할 수 있습니다. 요즘은 범죄가 일어나면 일단 CCTV 영상부터 확보하죠. 분쟁이 일어날 경우 판단의 결정적 근거가 되기도 합니다. 자동차 블랙박스에 찍힌 교통사고 현장 영상은 뉴스의 단골 소재가 되었습니다.

하지만 CCTV는 사람들의 일거수일투족을 감시하는 도구가 될 수도 있습니다. 마음만 먹으면 사람들의 동선과 활동을 파악할 수 있죠. 첩보 영화에서는 정보기관이 테러리스트를 찾아내기 위해 도시의 모든 CCTV를 통해 시민들의 움직임을 추적하는 장면을 종종 볼 수 있습니다. 영화의 재미를 위해 과장된 내용도 많지만, 실제로 국가기관이 자신의 필요에 맞춰 시민의 기본권을 침해하는 방식으로 CCTV를 사용하려는 유혹을 이기지 못할 수도 있습니다.

꼭 국가에 의해 악용되는 경우가 아니더라도, 제대로 관리되지 않는 CCTV는 프라이버시를 침해하는 통로가 될 수 있습니다. 건물이나 가게에 CCTV를 설치하는 사람들은 대부분 평범한 생활인으로서, 보안에 관한 전문 지식을 갖고 있지 않습니다. 물

　　　　　　　　　　나는 파놉티콘 속에 있어

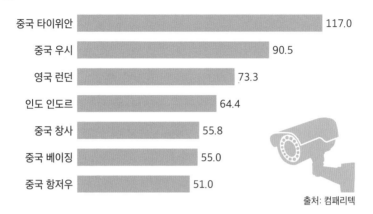

도시별 인구 1,000명당 감시 카메라 수 (2021년 기준)

중국 타이위안	117.0
중국 우시	90.5
영국 런던	73.3
인도 인도르	64.4
중국 창사	55.8
중국 베이징	55.0
중국 항저우	51.0

출처: 컴패리텍

인구수를 기준으로 해도 중국의 CCTV 대수는 압도적이다.

론 CCTV 운영에 대한 규정이 있지만, 이를 정확히 지키지 못하는 경우가 많습니다. 더구나 요즘 CCTV는 대부분 인터넷에 연결되어 있습니다. 외부에서 네트워크에 침입해 들여다볼 가능성이 충분히 있죠. 실제로 보안이 허술한 가정이나 가게 등의 CCTV를 해킹해 인터넷에 생중계하는 불법 사이트도 있습니다. 또 CCTV를 관리하는 사람이 개인적 이유로 CCTV 정보를 확인하는 경우도 있을 수 있습니다.

실제로 중국에서는 국가적으로 CCTV를 적극 활용해 시민에 대한 감시를 확대하려는 시도를 하고 있습니다. IHS마킷이라는 시장조사 회사에 따르면 전 세계의 CCTV는 2021년 말 10억 대를 넘어섰고, 이 중 절반 이상은 중국에 설치된 것으로 보입니다.

CCTV와 인공지능 얼굴 인식 기술을 결합하면 효용성과 위험성은 더 커집니다. 물론 정부는 범죄를 예방하고 사회를 더욱 안전하게 만들기 위한 일이라고 주장하겠지만, 거리에 설치된 CCTV가 실시간으로 지나가는 사람들의 얼굴을 찍고 그중 범죄자 목록에 있는 사람을 인식해 경찰에 알림을 보낸다면 어떨까요? 확실히 범죄자를 찾기는 훨씬 쉬워질 것 같습니다. 하지만 과연 그런 세상이 좋기만 할까요? 우리 모두 사생활을 박탈당하고 완전히 정부의 감시 아래 놓이는 일이 벌어질 수도 있습니다. 특히 사회가 민주적으로 운영되지 않는 권위주의 국가에서는 더 큰 문제가 될 수 있습니다.

프라이버시 디스토피아

2020년 초 코로나19가 막 번지기 시작할 무렵의 일입니다. 중국 항저우에 사는 한 사람이 원저우 지역에 출장을 다녀왔는데, 경찰이 그의 집을 찾아와 2주간 자가 격리를 하라고 요청했습니다. 원저우는 코로나19가 처음 발생한 우한에 이어 확진자가 두 번째로 많이 나온 지역입니다. CCTV가 원저우 근처에서 그의 차 번호판을 감지해서, 경찰이 이를 보고 집으로 찾아온 것입니다.

이후 그는 격리 중 지루함을 이기지 못하고 12일째 되는 날 외출을 했습니다. 그런데 이번에도 경찰은 그가 집을 나온 사실을 알았고 직장에까지 경고를 했습니다. 항저우 시내에 설치된 CCTV 카메라에 얼굴을 인식하는 인공지능[AI] 기술이 결합되어 있었기 때문에 그가 집을 나와 거리를 돌아다니고 있음을 경찰이 적발할 수 있었던 것입니다.

중국의 상하이나 선전 같은 대도시에서는 무단횡단하는 사람들을 CCTV로 촬영하고 얼굴 인식 AI로 이들의 신원을 확인해, 길가의 전광판에 이름과 사진을 띄워 망신을 주기도 합니다. 또 이런 식으로 교통 법규 등 사회적 규칙과 공중도덕을 얼마나 잘 지키는지 측정해서 개인에 대한 신용 평가까지 할 계획이라고 합니다. 거리에선 CCTV로, 온라인 세계에선 소셜 미디어나 메신저 활동, 금융 거래 등을 통해 사람들을 감시할 수 있습니다. 정부가 마음만 먹으면 국민의 생활을 손바닥에 올려놓고 들여다볼 수 있죠. 중국 같은 나라는 정부가 민간 기업의 결정을 좌우할 정도로 강력한 영향을 미치기 때문입니다.

이런 기술들 여러 가지가 종합적으로 쓰여서 큰 논란이 된 것이 바로 중국 정부의 신장-위구르 지역 탄압 사태입니다. 중국의 서북쪽 중앙아시아와 맞닿아 있는 신장-위구르 지역은 중국 영토지만 이슬람교를 믿는 위구르족의 비중이 높고 문화적으로도 중국의 한족과 차이가 큽니다. 그래서 언제라도 분리·독립 운동이 일어날 가능성이 있고, 중국 정부는 이를 우려해 엄격한 관리를 하고 있습니다.

더보기

국제 인권 단체 등의 조사에 따르면, 2017년 이후 100만 명 이상의 위구르인과 이슬람교도들이 감옥, 수용소 등에 갇힌 것으로 알려졌습니다. 인구밀도를 낮추고 종교와 문화 전통을 없애기 위한 작업도 진행했다고 합니다.

   이런 활동에 AI 기반 감시 기술들이 쓰인다는 의혹이 거셉니다. 중국의 대형 IT 기업 화웨이가 민족이나 나이 등을 식별할 수 있는 얼굴 인식 AI를 개발했다는 주장도 나왔고, 중국 기업들이 사람들의 감정 상태를 파악할 수 있는 AI를 개발했으며 이를 경찰서에 설치해 위구르인들을 대상으로 실험했다는 증언이 나오기도 했습니다.

   또 위구르인들은 스마트폰 연락처 목록과 문자 메시지 등 데이터를 수집하는 정부 앱을 휴대폰에 깔아야 하며, 지역 관청에 DNA 샘플을 제공해야 합니다. 이러한 각종 추적 수단을 통해 사람들이 현관이 아니라 뒷문으로 집을 나섰는지, 다른 사람의 차에 기름을 넣었는지와 같은 세세한 행동 데이터까지 수집이 가능하다고 합니다. 지극히 일상적인 행동까지 감시를 받고, 범죄의 증거로 간주될 수도 있다는 이야기입니다.

2부

나보다 나를
더 잘 아는 너

엄지손가락을 우뚝 치켜올린 모양의 페이스북 '좋아요Like' 아이콘. 2010년대 이후 현대 세계를 상징하는 대표적 이미지 중 하나라고 할 수 있죠. 오늘날 디지털 시대의 키워드인 스마트폰, 소셜 미디어, 사용자 제작 콘텐츠UGC 등이 모두 '좋아요'를 중심으로 돌아간다고 해도 과언이 아닙니다. 단지 하나의 인터넷 서비스에 불과한 페이스북이, 스마트폰 기기와 모바일 운영 체제(iOS나 안드로이드), 앱 유통망(앱스토어, 구글플레이) 등을 가진 애플, 구글과 함께 디지털 시대 주요 기업으로 성장할 수 있었던 이유입니다.

요즘에는 카카오톡 대화방의 각 말풍선에도 '좋아요'나 '하트'를 누를 수 있을 정도로 '좋아요'가 일상 속에 깊이 스며들었습니다. 네이버 뉴스에 달린 '쏠쏠정보'나 '공감백배' 같은 아이콘도 변형된 형태의 '좋아요'라고 할 수 있습니다. 하지만 페이스북 이전에는 그런 기능이 없었어요. 게시글에 공감을 표시하거나 찬반 의견을 나타내려면 댓글을 달아야 했습니다. 아니면 '추천'과 '비추천' 버튼으로 좋은 글을 추천 순위에 올리거나 좋지 않은 글을 순위에서 내릴 수 있었죠.

인터넷 댓글이나 추천이 생겨나면서 사람들이 자기 의견과 취향, 호감이나 비호감을 드러내기가 정말 쉬워졌어요. 요즘에는 신문과 방송뿐 아니라 인터넷 포털, 온라인 커뮤니티, 페이스북이나 트위터 같은 소셜 미디어를 통해 뉴스나 사건 사고 등의 이슈를 접할 수 있습니다. 카카오톡 단체 채팅방에도 누군가 최신 기사나 화

2009년에 처음 등장해, 이제는 세상을 지배하는 '좋아요'

제를 계속 공유해 주죠. 그리고 우리는 거기에 즉각 반응을 남길 수 있습니다.

하지만 인터넷이 널리 보급되기 전인 1990년대만 해도 사람들은 세상일을 신문과 방송으로만 접할 수 있었습니다. 신문 기사와 뉴스의 특징은 무엇일까요? 여러 가지가 있겠지만, 인터넷과 비교할 때 가장 큰 차이점은 바로 '일방적'이라는 점입니다. 언론사가 쓴 기사가 독자나 시청자에게 그대로 전달만 될 뿐입니다. 신문 지면에 댓글을 달 수는 없잖아요. 신문 기사나 뉴스로 보도된 사안에 대해 일반 독자들이 의견을 드러내기는 굉장히 어려웠어요. 신문 마지막 면의 작은 독자 의견 코너에 짧은 글을 싣는 것이 전부였죠. 그나마도 편집자가 선택한 소수의 의견만 지면에 실렸습니다.

하지만 인터넷이 보급되고 온라인 공간에 기사가 올라오게 되면서 거기에 댓글을 다는 것만으로 의견을 표시할 수 있게 되었습니다. 단지 키보드를 몇 번 두드리는 것만으로요! 기사의 틀린 점이나 모순을 지적하기도 하고, 기사에 담기지 못한 사실이나 관점을 제시하기도 하죠. 사람들은 기사가 일방적으로 전하는 사실에 그치지 않고 훨씬 다양한 관점을 접할 수 있게 되었습니다. 기사는 예전보다 '양방향적'이 되었고, 언론에 대한 대중의 영향력은 커졌습니다. 물론 무의미한 악플을 달거나 조직적으로 댓글 여론을 조작하는 등 부작용도 크기는 하지만요.

언론만 그런 것이 아닙니다. 예전에 친한 친구끼리는 자주 통화를 하거나 편지를 쓰곤 했습니다. 그런 식으로 우정을 표현한 것이죠. 그러다가 싸이월드가 생긴 후에는 친구의 미니홈피에서 댓글만 달아도 호감을 나타낼 수 있게 되었습니다. 친구가 멀리 떨어져 있어도 연락을 유지하기가 편해진 겁니다.

하지만 시간이 지나다 보니 댓글조차 번거롭다는 생각이 들기 시작했어요. 디지털카메라와 휴대폰 카메라가 널리 퍼지면서 인터넷에 올라오는 사진이 점점 늘어났는데요, 친구가 맛집에 가서 찍어 올린 음식 사진을 보고 사실 뭐 그리 할 말이 많겠어요? 길게 댓글을 쓰긴 애매하고, '맛있어 보인다'고만 쓰면 왠지 무성의해 보이죠. 그렇다고 댓글을 아예 안 쓰면 사용자 사이의 상호작용이 줄어들고, 그러다 보면 인터넷에서 친구와 노는 재미도 줄어들고요.

하버드대학을 다니던 학생 저커버그는 이 문제를 해결하고 싶었어요. 그가 페이스북을 창업한 것은 2004년, '좋아요' 버튼이 생긴 것은 2009년이었습니다. 페이스북은 2007년부터 댓글을 달지 않고도 게시물에 간단하게 동의나 호감 표시를 할 수 있는 기능을 구상하고 있었어요. 바로 오늘날의 '좋아요'입니다.

혹시 아세요? '좋아요'가 어쩌면 '굉장해요Awesome'가 될 뻔했다는 것을요. 페이스북에서는 '좋아요'와 '굉장해요', 두 가지를 최종안으로 놓고 고민했습니다. 저커버그는 결국 '좋아요'를 선택했는데, 이는 사람들이 심리적 부담 없이 편하게 누를 수 있도록 하기 위해서였다고 합니다. 만약 버튼 이름이 '굉장해요'라면 사용자가 이 기능을 잘 쓰지 않을 가능성이 크다고 생각했던 것이죠.

당시 페이스북에 올라오는 사진들은 일상에서 찍은 날것 그대로의 사진이 많았습니다. 친구들의 그런 모습을 보는 것이 페이스북의 재미인데, 당연히 그런 사진이 '굉장'하지는 않겠죠(요즘엔 수백 장의 셀카를 찍고, 각종 필터를 써서 최고의 사진을 올리긴 합니다만). 그래서 별다른 마음의 부담 없이 쉽게 누를 수 있도록 '좋아요'를 선택한 겁니다.

이 '좋아요'는 결과적으로 페이스북의 성장, 나아가 소셜 미디어의 확산에 큰 기여를 했습니다. 사람들은 댓글을 구구절절 달지 않고 단지 '좋아요'를 한 번 누르는 것만으로 친구를 챙기고 있음을 보여 줄 수 있게 됐습니다. 친구 관계를 유지하는 데 노력이 들지 않는 거죠. '좋아요'의 등장으로 페이스북 안에서 사람들의 활동은 더욱 활발해졌습니다.

그리고 사진이나 글이 '좋아요'를 몇 개 받았는지 숫자가 드러나기 때문에, 인기나 영향력에 대한 일종의 척도가 되었습니다. '좋아요'가 마치 마약처럼 중독성이 있다는 것을 느끼는 친구들이 많을 거예요. 사람들은 '좋아요'를 더 많이 받기 위해 더 재미있는 사진, 더 흥미로운 글을 올리려 노력하기 시작했습니다. 당연히 페이스북의 콘텐츠는 풍성해지고, 사람들은 페이스북에서 더 많이 시간을 보내게 되었습니다.

가장 중요한 것은 페이스북이 '좋아요'를 통해 사람들이 무엇을 좋아하고, 무엇에 관심 가지는지 알 수 있게 되었다는 점이죠. 사용자들이 어떤 친구의 게시물에 '좋아요'를 많이 누르는지, 강아지 사진에 관심을 가지는지 TV 프로그램 이야기에 관심을 가지는지 알 수 있습니다. 많은 기업과 연예인, 스포츠 팀, 정치인 등이 홍보와 브랜딩을 위해 페이스북에 페이지를 만들죠. 어떤 페이지에 '좋아요'를 눌렀는지 보면 그 사람의 관심사를 파악할 수 있습니다. 한 사용자가 '좋아요'를 많이 누를수록 그 사람의 관심사나 취향, 상황 등을 더 많이 알 수 있게 됩니다.

이렇게 페이스북이 사용자에 대해 잘 알게 되면 어떤 일이 일어날까요? 일단 사용자가 더 좋아할 만한 콘텐츠를 찾아 우선적으로 보여 줄 수 있습니다. 춤을 좋아하는 사람에게 〈스트릿 우먼 파이터〉 팬클럽 그룹을 소개하거나, 서로 '좋아요'와 댓글을 많이 주고받은 친구의 게시물을 우선적으로 보여 줄 수 있습니다. 그러면 사용자는 페이스북이 더 재미있다고 느낄 것입니다.

더 중요한 것은 사람들에게 훨씬 효과적으로 광고를 할 수 있다는 점입니다. TV나 신문 광고는 넓은 범위의 사람들을 대상으로 할 수밖에 없습니다. 효과도 그만큼 분산되죠. 반면 페이스북은 사용자가 직접 '좋아요'를 누른 정보를 바탕으로 각 사용자에게 맞춤형 광고를 할 수 있습니다. 덕분에 페이스북은 구글과 함께 세계 디지털 광고 시장을 장악할 수 있었습니다. 2023년 미국 전체 디지털 광고 시장 규모는 약 2,639억 달러(약 343조 원)로 추산되는데 이 중 44.9퍼센트, 절반에 가까운 금액을 메타와 구글, 두 회사가 차지했답니다.

```javascript
bile")/}),$(document).addClass("hidden",r=
er").toggleClass("hidden")}),$(document).on("click","
,outer_el_selector:"",.q
,_=s.$element_selector:"",tooltip_mode:!1)
extend({min_length:0,$element,o=s.$element.
.offset().left,o=s.$element.
,tooltip_mode:!0,$element:t(""),outer
}),s.$element.on("blur",function(){s.tool
ank(o)&&o.length>s.min_length){var p={meta
a=JSON.stringify(p.meta)}t.ajax({type:"GET
(s.tooltip_mode&&setTimeout(function(){r()
ss("hidden");return!0}).on("focus",functio
turn!1;return(hasLength(t)||hasLength(user
ilters_values(t){var a=$(user_interface.sett
=$(i);var s=i.prop("name");!0==getNested(t,s
ector).find(".filter-cont select").each(func
).find(".bt-chbx").each(function(){var a=$(
each(t,function(s,l){isFunction(l)||(i=l-1)}/
availWidth&&(user_interface.isMobile=!0);fu
t"===t);return!1}function filtersFormData(t,
}"use strict";$(document).ready(function(){
leClass("hidden-mobile")}),$(document).on("c
ta("name"),$(this).data("value"),$(this))))
vent.state;if(null!=a){var r=window.locati
this.dynamic_filters_obj=[],this.create_dyn
this.page_type=1,"function"=typeof
url:"",__ROOT__:"","function",trace
```

5장.

나를 분석하는
프로파일러

    페이스북을 예로 들어 설명했지만, 대부분의 다른 소셜 미디어에서도 마찬가지입니다. 인스타그램에서 친구의 사진이나 좋아하는 연예인의 릴스에 '하트'를 누를 때도 같은 일이 벌어집니다. 트위터는 내가 무엇을 '리트윗'했는지, 누구의 트윗에 '멘션'을 했는지를 보겠죠. 틱톡은 각 사용자가 한 영상을 얼마나 오래 봤는지, 어떤 종류의 영상을 즐겨 봤는지(아이돌 그룹의 뮤직비디오를 많이 봤는지, 코미디언의 웃기는 콩트를 많이 봤는지, 일반인의 챌린지를 많이 봤는지) 등을 파악해 맞춤 영상을 추천해 줍니다. 이들 소셜 미

인스타그램의 '내 활동' 페이지. '좋아요'와 댓글을 비롯한 다양한 활동들이 기록되어 있다.

디어는 어쩌면 나보다도 나에 대해 더 잘 알지도 모릅니다. 사실 어떤 사람을 충분히 자세하게 관찰하면 그에 대해 생각보다 많은 것을 알 수 있습니다. 마치 탐정처럼 말이죠.

유명한 탐정소설의 주인공 셜록 홈스는 날카로운 관찰력으로 다른 사람의 상황이나 행동을 정확히 추리해 내곤 합니다. 이를 테면 친구 왓슨이 말없이 두 시간 정도 자리를 비웠다가 구두에 흙을 묻힌 채 돌아온 것을 보고, 공사장 옆에 있는 우체국에 다녀 왔음을 추리합니다. 또 며칠간 함께 지냈지만 왓슨이 편지를 쓰 는 것을 본 적이 없다는 점에서 그가 전보를 보내러 우체국에 갔

나보다 나를 더 잘 아는 너

음을 알아냅니다. 전보를 보내는 데 오랜 시간이 걸리지 않음에도 두 시간이나 자리를 비웠고, 담배를 피우지 않는 그에게 옅은 담배 냄새가 난다는 점에서 왓슨이 돌아오는 길에 바에 들러 맥주를 한잔했다는 사실까지 밝혀내고요.

사람은 살면서 여러 흔적을 남깁니다. 이런 흔적을 잘 관찰하고 적절한 근거와 논리로 생각하면 한 사람에 대해 많은 사실을 알 수 있습니다. 실제로 범죄를 수사할 때 범죄 현장에 남아 있는 흔적, 증거, 범행 방식이나 습관 등을 바탕으로 범인이 어떤 사람인지 파악하는 것이 많은 도움이 됩니다. 범행의 목적이 무엇인지, 다음 대상은 누가 될지 등을 예측할 수 있다면 피해를 줄이고 범인을 빠르게 붙잡을 수 있습니다.

이런 일을 하는 사람을 '프로파일러 profiler'라고 합니다. 범죄자에 대한 프로필을 만드는 사람이란 뜻으로, TV나 웹툰에도 종종 등장하기 때문에 익숙할 것입니다. 프로파일러는 한 사람에 대한 조각 정보들을 모아 그가 어떤 사람인지 재구성합니다.

온라인 세계의 셜록 홈스?

페이스북이나 인스타그램과 같은 소셜 미디어가 우리에게 하는 일이 바로 이 같은 프로파일링이라고 할 수도 있습니다. 경찰 프로파일러는 범죄자가 숨기려 하는 정보의 조각들을 찾아 범죄자에 대해 알아내야 하지만, 소셜 미디어 기업은 우리가 자발적으로 제공하는 여러 정보를 바탕으로 우리가 누구인지 알 수 있습니다. 굉장히 자세하게 말이죠.

요즘 범죄 사건이 터지면 경찰은 일단 용의자 휴대폰과 PC를 압수해 어떤 것을 검색했는지 뒤져 봅니다. '끈 묶는 법' 같은 것을 검색했다면 납치 범죄를 계획했다는 것을 짐작할 수 있고, 어떤 종류의 독극물을 구하는 법을 찾았다면 대단히 의심스러운 정황이 될 것입니다.

우리는 별생각 없이 동네 맛집 인스타그램 계정에 '하트'를 누르고, 다니는 학교의 '대신 전해 드립니다' 페이지 같은 익명 제보 커뮤니티에 댓글을 답니다. 프로필에는 출신 학교와 직장을 적어 놓습니다. 이런 정보들을 모으면 내가 누구인지, 몇 살인지, 어디 살며 어느 학교를 나왔는지, 좋아하는 것은 무엇인지, 나와 친구일 법한 사람들은 누구인지 짐작할 수 있습니다.

페이스북이나 인스타그램을 하다 보면 친구가 '내 연애 스타일은 깜찍한 여우'니 '내 연애 스타일은 듬직한 곰'이니 하는 성격 유형이나 심리 검사 퀴즈를 풀고 공유한 콘텐츠를 자주 볼 수 있죠. 이와 같은 테스트들은 이름으로 재미있는 삼행시를 지어 주기

나보다 나를 더 잘 아는 너

도 하고, '나와 닮은 연예인은 누구?', '전생에 내 직업은?' 같은 질문에 대답해 주기도 합니다. 보통 사용자가 간단한 퀴즈를 몇 가지 풀고 결과를 얻은 후, 소셜 미디어를 통해 친구들에게 공유하는 방식입니다.

큰 의미를 두지 않고 재미로 하는 것들입니다만, 이런 것들도 대부분 사용자의 개인 정보를 얻기 위해 만들어진 콘텐츠입니다. 사용자에 대해 몇 가지 물어보고 나서, 결과를 소셜 미디어에 공유하기 위해 내 프로필과 친구 관계 정보를 가져가는 데 동의할 것을 요구합니다. 보통은 별생각 없이 자신의 정보를 공유하고요. 퀴즈를 제공하는 사업자들은 이렇게 우리와 우리의 친구, 관심사에 대한 정보를 얻습니다. 그리고 대부분 이런 정보를 마케팅에 직접 활용하거나, 그러길 원하는 다른 기업들에 판매합니다.

구글이나 네이버 같은 검색 포털은 어떨까요? 검색이 우리의 관심과 의도를 반영한다고 앞에서 이야기했죠? 검색어들은 우리가 누구인지 상당히 정확하게 보여 줍니다. '어린이 퍼즐'이나 '숫자 놀이 게임' 같은 키워드로 자주 검색을 한다면 어린아이를 키우는 부모일 가능성이 높다고 할 수 있습니다. '정관장 홍삼'이나 '안마 의자'를 검색했다면 건강을 걱정하기 시작한 중년의 사람이라고 생각할 수 있습니다. '홍대 맛집'이나 '해운대 맛집'을 자주 검색한다면 그 지역 근처에서 자주 친구를 만나거나 활동을 한다고 볼 수 있겠죠.

구글과 네이버 모두 지도와 내비게이션 서비스를 제공한다는 것, 알고 있죠? 여러분이 매일 아침에 출발하는 곳과 도착하는 곳이 있다면 그곳이 아마 여러분의 집과 학교일 것으로 추정할 수 있습니다. 네이버에서 어떤 지역의 가게들을 자주 검색하고, 방문한 후 리뷰를 달거나 영수증을 인증하면 여러분이 그 지역에서 많이 활동한다는 사실을 알 수 있습니다. 송금이나 간편 결제 같은 금융 서비스를 이용하기 위해서 본인 인증을 했을 수도 있을 것입니다.

네이버에서 뉴스를 보면 댓글을 단 사람들의 연령대는 어떤지, 성별은 어떤지 등을 보여 주는 그래프가 나오는 걸 볼 수 있습니다. 네이버 웹툰도 연령대별, 성별 인기 작품 순위를 보여 주죠. 모두 네이버가 사용자들의 정보를 파악할 수 있기 때문에 가능한 일입니다.

기업이 정보 수집에 열을 올리는 이유

이 같은 사용자 정보는 각 사용자에게 더 알맞은 검색 결과나 맞춤형 콘텐츠를 보여 주는 데 쓰입니다. 이는 각자가 본인에게

나보다 나를 더 잘 아는 너

필요한 정보를 더 쉽게 얻을 수 있다는 점에서 유용합니다. 예를 들어 '더 보이즈The Boys'라는 검색어를 입력했을 때, 사용자가 미드 팬이라면 미국 슈퍼히어로 드라마를, K팝 팬이라면 아이돌 그룹 관련 결과를 먼저 보여 줄 수 있는 거죠.

기업 입장에서는 어떨까요? 네이버나 구글, 메타 같은 플랫폼 기업, 혹은 이런 플랫폼에서 광고를 하려는 기업들 입장에서 생각해 보면 이들 정보는 광고와 마케팅을 하는 데 너무나 소중한 정보입니다. 사용자의 상황과 필요에 부합하는 맞춤 광고를 할 수 있으니까요.

이건 정치인에게도 마찬가지입니다. 선거를 앞둔 정치인이 자신의 타깃 유권자들에게 맞춤형으로 공약과 정책을 알릴 수 있다면 어떨까요? 직장을 다니는 여성을 위한 육아 정책을 내세우는 정치인은 30대 여성 유권자에게 선거운동을 하고 싶을 것입니다. 군 의무 복무 제도를 바꾸고 싶은 정치인이라면 20대 초반 남성 유권자를 많이 만나고 싶을 것입니다.

현재 우리나라 선거운동은 대부분 이렇게 세분화해서 이뤄지진 않고 있습니다. 선거철이 되면 동네에 출마자들의 공약과 이력을 알리는 포스터가 붙고, 인터넷 사이트에 들어가면 온라인 선거 광고도 올라오죠. 맞춤 선거운동이 아니라 불특정 다수에게 선거운동을 하는 옛날 방식에서 크게 벗어나지 못했습니다. 반면

프라이버시 침해 논란에 휩싸인 케임브리지 애널리티카와 페이스북

정치인들의 선거 광고가 상대적으로 자유로운 미국 같은 나라에서는 핵심 지지자층과 새롭게 공략해야 할 유권자 그룹 등을 분류해 각기 다른 방식으로 홍보하는 전략이 매우 일반적입니다. 이를테면 도널드 트럼프 전 미국 대통령이 선거운동을 할 때, 제조업이 쇠락해 경제가 어려운 미국 중서부 공업 지역에 보호무역 정책을 강조하는 선거 캠페인 방송을 집중적으로 내보낸 것과 같은 식이죠.

앞에서 페이스북 퀴즈를 활용해 사람들의 개인 정보를 수집하는 경우가 종종 있다고 했죠? 이런 일이 아주 크게 문제가 된 사건이 있었습니다. 바로 도널드 트럼프 당선 이후 문제가 된 '케임

나보다 나를 더 잘 아는 너

브리지 애널리티카' 사건입니다. 퀴즈를 통해 사용자 프로필을 확보하고, 정치인들이 이 데이터를 사서 선거운동을 한 것이죠. 충분한 설명 없이 사용자 정보를 얻고, 얻은 정보를 허술하게 관리했다 해서 논란이 되었습니다. 더 큰 문제는 이런 식으로 소셜 미디어를 활용해 과도한 수준의 맞춤형 광고를 함으로써 시민이 정확하게 사안을 분별해 투표하기보다 선거 캠페인에 무의식적으로 반응하게 만들 우려가 있다는 점이죠. 이는 민주주의 사회를 운영하는 데 큰 걸림돌이 됩니다.

대통령 선거까지 뒤흔든 '좋아요' 장사

영국 케임브리지대학에서 소셜 미디어와 심리학 등을 연구하던 알렉산드르 코건이 글로벌사이언스리서치^{GSR}라는 회사를 설립했습니다. 페이스북 데이터를 활용해 수많은 사람의 '심리 프로필'을 만들고, 관련 데이터를 필요로 하는 기업이나 기관에 파는 사업을 했죠. 이런 데이터가 있으면 어떤 성향의 사람에게 어떤 방식으로 메시지를 전하면 효과적일지 알 수 있습니다.

2014년 GSR은 페이스북 사용자를 대상으로 'This Is Your Digital Life'라는 심리 검사 퀴즈 앱을 만듭니다. 진짜 목적은 퀴즈를 통해 사용자 데이터를 확보하는 것이었습니다. 27만여 명의 페이스북 사용자가 이 앱을 설치했고, 앱이 페이스북 친구의 친구 정보까지 읽어와 GSR은 대략 5,000만 명의 프로필을 구축할 수 있게 됩니다.

이 회사의 고객사 중 하나가 케임브리지 애널리티카입니다. 이 회사는 2016년 미국 대선에서 트럼프 후보에 선거 컨설팅을 했습니다. 연령, 성향, 관심사 등에 따라 사용자를 분류해 각 그룹이 가장 잘 반응할 만한 메시지를 내보내는 방식으로 선거운동을 도왔습니다.

그런데 앱의 사용자는 퀴즈를 이용하며 GSR에 개인 정보를 넘긴다는 데는 동의했지만, GSR이 케임브리지 애널리티카에 자기 정보를 넘기는 데 동의한 것은 아닙니다. 사용자 정보가 이런 식으로 불투명하게 거래되니, 페이스북은 관리를 소홀히 했다는 비판을 피할 수 없었습니다. 사용자를 늘리기 위해, 그리고 이런 사용자를 겨냥해 광고를 하고자 하는 기업들을 더 유치하기 위해 데이터 관리를 의도적으로 느슨하게 해 왔다는 거죠.

이 일이 알려진 후 소셜 미디어의 정보를 수집해 사용자 프로필을 만들고, 이를 바탕으로 메시지를 개발하고 여론을 움직여 선거나 정책 결정에 영향을 미친다면 민주주의가 위협받을 수 있다는 우려가 나왔습니다. 이렇게 사용자마다 특성을 정교하게 분류해 맞춤 메시지를 보내면 여러 사회 집단 간 분절과 소외가 더 심해질 수 있다는 것입니다.

핵심은 소셜 미디어 사용자의 데이터를 대규모로 수집한 기업이나 기관이 우리도 모르는 새 사용자의 생각에 영향을 미칠 수 있다는 것인데요. 하지만 달리 생각해 보면, 우리가 일상에서 접하는 광고와 홍보, 마케팅도 모두 사람들에게 영향을 미치려는 시도입니다. 이를 위해 고객, 소비자, 독자의 특성을 더 정확히 파악하고 세분화하려는 노력을 누구나 합니다. 집 앞 카페에서 쿠폰을 주고 연락처와 주소가 적힌 명함을 가져가는 것과 페이스북 퀴즈 사이에는 어떤 차이가 있는지, 생각해 볼 만한 문제입니다.

6장

내 입맛에 딱 맞게 추천!

알고리즘algorithm이란 말을 알고 있을 것입니다. 본래 수학이나 컴퓨터 프로그래밍에서 쓰던 어려운 용어였는데, 이제는 누구나 잘 아는 말이 되었습니다. 요즘 학교에서 코딩 교육을 강조하고 학생들도 프로그래밍을 접할 기회가 많아진 것 역시 한 이유입니다. 하지만 우리가 알고리즘이란 용어에 친숙해진 것은 그 때문만은 아닙니다. 바로 유튜브 덕분이죠. 유튜브 알고리즘을 소재로 한 코미디 프로그램이 나올 정도로 알고리즘은 우리 삶에 깊숙이 자리 잡았습니다.

유튜브 추천 알고리즘은 나의 정보와 행동을 바탕으로 내가 좋아할 만한 다른 영상을 추천하기 위한 규칙 내지는 공식 같은 것입니다. 내가 주로 보는 영상의 종류, 댓글이나 공유 같은 활동, 시청 시간, 구독하는 채널, 유튜브에서 나와 비슷한 사용 습관을 보이는 사람들이 많이 보는 영상이나 구독하는 채널 등의 정보를 분석해 맞춤 영상을 추천합니다. 내가 영화 리뷰를 많이 보는지, K팝 아이돌 그룹 직캠 영상을 자주 보는지, 게임 영상을 많이 보는지 등이 모두 중요한 정보로 쓰이죠.

그래서 같은 유튜브 앱을 쓰더라도 나와 부모님, 친구 모두 첫 화면에 나오는 영상은 각기 다릅니다. 내게는 〈배틀그라운드〉 게임 플레이를 다루는 채널이 많이 나오는데, 친구는 주로 아이돌 그룹 에이티즈 영상들을 메인 화면에서 보고 있을 수도 있습니다. 엄마에겐 트로트 가수 임영웅 관련 영상이 많이 나오고 있지 않을까요?

유튜브를 하도 많이 보다 보니 이제 알고리즘은 우리에게 친숙한 개념이 되었습니다. 어느 채널이 별로 재미없는데 알고리즘을 타고 '떡상했다'거나, 어느 채널은 한참 잘나가다가 요즘은 피드 노출이 줄어 구독자가 늘지 않는다는 등의 이야기를 하기도 합니다.

모든 온라인 서비스의 뿌리에…

알고리즘은 유튜브를 돌아가게 하는 기본 구조 중 하나입니다. 컴퓨터공학이나 전산학에서 알고리즘은 '어떤 과제를 해결하기 위해 해야 하는 일들을 논리적인 단계에 따라 배열한 것'을 말합니다.

컴퓨터는 사람과 달리, 대충 말한 것을 적당히 알아들을 수 없습니다. 해야 할 일을 정확한 순서와 논리에 따라 지정해 주어야 합니다. 컴퓨터 프로그램을 짜는 일, 흔히 말하는 '코딩coding'은 이

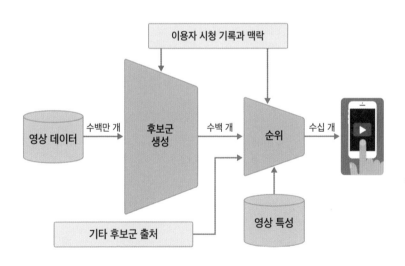

2016년 구글이 공개한 추천 알고리즘 작동 원리.
시청 기록과 영상의 특성 등을 반영하여 피드에 띄울 영상을 추려 낸다.

러한 알고리즘을 컴퓨터가 알아들을 수 있는 말, 즉 프로그래밍 언어로 재구성하는 일이라 할 수 있습니다.

유튜브에서 알고리즘은 '사용자가 좋아할 만한 영상을 계속 보여 주어 유튜브에서 더 많은 시간을 보내게 한다'는 목적으로 추천 영상을 결정하는 역할을 합니다. 이를 위해 앞에서 이야기한 여러 정보, 즉 즐겨 본 영상의 종류나 성격, 시청 시간, 이탈 시점, '좋아요'나 댓글 기록 등의 중요도를 각각 판단하고 그에 기반한 계산을 거쳐 우선적으로 추천할 영상을 결정합니다. 유튜브의 추천 시스템은 이 같은 알고리즘을 실행하는 컴퓨터 프로그램이라 할 수 있습니다.

유튜브는 우리가 영상을 얼마나 자주, 얼마나 오래 보는지 압니다. 우리가 어떤 주제의 영상을 많이 보는지, 즉 우리의 관심사가 무엇인지도 압니다. 우리에 대한 풍부한 데이터를 바탕으로 추천 알고리즘을 만들어 내고 끊임없이 개선해 나갑니다.

유튜브뿐만 아닙니다. 우리가 아는 대부분의 대형 온라인 서비스나 소셜 미디어가 알고리즘에 의해 운영됩니다. 여러 데이터를 수집해 분석하는 알고리즘 기반 인공지능이 핵심적인 역할을 하는 것이죠.

나보다 나를 더 잘 아는 너

알고리즘의 주인

우리는 페이스북이나 인스타그램 앱에 들어가 '피드'에 뜬 친구의 사진이나 영상, 스토리를 봅니다. 그런데 내가 보는 피드에 누구의 어떤 사진이 뜰지 결정하는 알고리즘은 누가, 어떻게 만들고 관리하는 것일까요?

페이스북이나 인스타그램의 경우, 가장 중요한 요소는 기본적으로 '친구' 혹은 내가 '팔로우' 하는 사람이 올리는 글이나 사진입니다. 하지만 친구가 많을 경우 친구들이 올린 사진만으로도 피드가 넘쳐 날 수 있습니다. 그럴 때 우선순위는 어떻게 정해지는 것일까요? 반대로 소셜 미디어 친구가 별로 없는 사람이라면, 그 사람의 피드는 그냥 텅 빈 채로 두어야 할까요?

피드를 시간 순서로 채우는 방법도 있습니다. 가장 최근 게시물이 가장 위에 올라오는 것이죠. 초창기 트위터 타임라인이 이런 방식이었습니다. 하지만 이러면 별로 관심 없는 사람의 재미도 없는 게시물이 내 피드를 가득 채우게 될 수도 있습니다. 그래서 페이스북이나 인스타그램에서도 알고리즘이 중요한 역할을 합니다. 수많은 사용자가 올린 여러 가지 콘텐츠 중에서 개별 사용자가 가장 좋아할 만한 것이 무엇인지 골라내 피드에 띄워 주는 것이죠.

내가 어떤 친구의 사진에 '하트'를 많이 누르는지, 누구와 댓글 대화를 많이 하는지, 어떤 종류의 페이지에 '좋아요'를 많이 눌렀는지 등을 파악하고 이들 정보를 조합해 우선순위를 결정하는 알고리즘이 페이스북이나 인스타그램 앱 뒤에서 열심히 돌아가고 있습니다. 그에 더해 내 친구들이 '좋아요'를 누른 게시물이나 친구들이 오랜 시간 본 영상 등도 내 관심사를 파악할 중요한 근거가 됩니다.

페이스북과 인스타그램을 운영하는 메타는 나와 내 친구의 관계, '좋아요'로 대표되는 내 관심사들, 나와 관심을 공유하는 사람들을 파악할 수 있습니다. 이러한 관계를 그림으로 나타내면 어떨까요? 나를 중심으로 여러 사람들과 관심사가 서로 선으로 연결된 그래프를 그려 볼 수 있을 것입니다. 나를 중심으로 가까운 친구나 내가 큰 관심을 보이는 주제는 빈번하고 복잡한 선으로 이어지고, 교류가 별로 없는 친구나 별 관심 없는 주제는 멀리 떨어진 곳에 드문드문 연결된 모습이겠죠. 사람들과 관심사들 사이의 이러한 관계도를 '소셜 그래프 social graph'라고 합니다.

소셜 그래프는 여러분이 어떤 사람인지 가장 잘 보여 주는 자료입니다. "친구를 알면 그 사람을 알 수 있다"라는 말도 있죠. 내가 어떤 사람들과 어울리는지, 그리고 어떤 분야에 관심을 보이는지는 사실상 나에 대한 거의 모든 것이라고도 할 수 있습니다.

여러분이 친구를 더 자세히 알고 싶다면 무엇을 물어볼지 생각해 보세요. 친구가 무엇을 좋아하는지, 어떤 것을 하고 싶어 하는지, 어떤 게임을 즐기는지, 주로 무엇을 하고 노는지가 궁금하지 않을까요?

학교 모임이나 수련회 행사 등에서 친구들과 '10문 10답' 같은 놀이를 해 본 친구들도 많이 있을 것이라 생각합니다. 페이스북과 인스타그램의 소셜 그래프는 각 사용자에 대해 '10문 10답'을 아주 많은 문항으로, 아주 자세히 한 것이라 할 수 있습니다. 우리가 페이스북이나 인스타그램을 열심히 할수록, 더 많은 사진과 게시물에 '좋아요'를 누르고 재미있는 영상을 더 많이 공유할수록 내가 답한 '질문'의 수는 기하급수적으로 늘어나는 것이죠. 심지어 내가 대답한 적 없다고 생각하는 것들까지 파악해서 나의 프로필을 더 충실하게 만들 수 있습니다. 그리고 그러한 프로필의 수, 즉 페이스북 사용자 수는 무려 30억에 가깝습니다.

메타의 인공지능 알고리즘은 이렇게 만든 각 사용자의 소셜 그래프를 바탕으로 각자의 입맛에 맞을 법한 콘텐츠를 찾아서 보여 줍니다. 우리가 페이스북이나 인스타그램 앱을 한번 열면 좀처럼 빠져나오지 못하는 것도 어찌 보면 당연하다 하겠습니다.

알고리즘의 존재 이유

인공지능 알고리즘 기반의 맞춤 추천은 구글이나 네이버 같은 검색 포털에서도 중요하게 쓰입니다. 검색 포털 기업은 우리에게 더 정확한 개인 맞춤형 검색 결과를 보여 주기 위해서 전력을 다하고 있습니다. 왜 그럴까요? 그래야 사람들이 다른 검색 포털로 옮겨 가지 않고, 그래야 검색 광고 등을 통해 돈을 벌 수 있기 때문이죠. 구글이나 네이버 검색창에 검색어를 입력했는데 결과 목록의 2페이지, 3페이지로 계속 넘어가도 원하는 정보가 안 나온다면 사용자는 실망하고 다른 포털로 넘어가겠죠.

그런데 이때 '원하는 정보'라는 것은 굉장히 애매한 표현입니다. 프랑스 여행을 가고 싶어 '파리'를 검색했는데, 파리 퇴치법에 대한 웹 페이지들만 나온다면 안 되겠죠. 하지만 검색창에 입력된 '파리'라는 단어 하나만 보고 어떻게 이 사람이 해외 여행을 가고 싶은 건지, 파리 때문에 성가신 것인지 알 수 있을까요? 혹시 '파티'를 입력하려다 오타를 낸 것은 아닐까요?

'형광등 가는 법'이나 '고속터미널에서 시청 가는 대중교통', '맹장염 증상' 등은 의미도 정답도 확실한 것들이라 할 수 있습니다. 이런 경우 검색은 기네스북과 비슷한 역할을 합니다. 하지만 전혀 모르거나 막연하게만 아는 내용에 대해 살펴보기 위해 검색을 하는 경우도 있습니다. 어떤 사람이 '캠핑'을 검색했다면 캠핑이란 취미에 처음으로 관심이 생겨 막연히 그 방법 등이 궁금한 것일 수도 있고, 필요한 장비가 무엇인지 알아보려는 것일 수도 있습니다. 혹은 이번 주말에 아이와 함께 갈 만한 캠핑장을 찾으려는 것일 수도 있죠. 이런 경우에는 어떤 검색 결과를 보여 주는 것이 가장 좋을까요?

이런 문제를 극복하고 사용자의 의도와 상황에 맞게 검색 결과를 제시하려면 결국 사용자가 어떤 사람인지를 파악해야 합니다. 대략의 '프로필'이 있어야 한다는 것이죠. '어느 동네에 사는 어느 학교 몇 학년 누구'라는 정확한 정보까지는 아니더라도, '부산에 사는 10대 여성이며, 관심사는 K팝' 또는 '청주에 사는 40대 기혼 남성이며, 관심사는 낚시와 야구'라는 식의 정보가 있으면 유용합니다.

검색 포털 기업은 이 같은 정보를 바탕으로 사용자가 원하는 것이 무엇인지 판단하는 알고리즘을 짜고, 인공지능이 이를 실행해 최적의 정보를 찾아 주도록 하고 있습니다. 사용자가 과거에 입력했던 검색어, 클릭했던 웹 문서나 블로그 등을 참고해 사용자의 검색 의도를 최대한 정확하게 추정하려 합니다. 또 입력한 검색어와 직간접적으로 연관이 있거나 사용자가 관심 있어 할 만한 다른 검색어나 콘텐츠를 제안하기도 합니다. 검색창에 '캠핑'

을 입력한 사람에게 '차박'이나 '별자리' 같은 검색어를 제안하는 식이죠. 이렇게 하기 위해서 사용자와 비슷한 프로필을 가진 사람이 많이 클릭한 웹 문서는 무엇인지, 많이 찾은 검색어는 무엇인지 등을 참고합니다.

이러한 데이터들에 가중치를 주어 알고리즘에 넣고 돌리면 인공지능이 최적의 결과를 사용자에게 보여 줍니다. 구글이나 네이버 같은 검색 포털 기업은 사용자에게 의미 있는 결과가 나오도록 하기 위해서 끊임없이 이 알고리즘을 개선하는 작업을 합니다. 특히 최근 인공지능 기술이 비약적으로 발전하면서 이 같은 작업은 더욱 정교해지고 있습니다.

나보다 나를 더 잘 아는 너

틱톡과 넷플릭스의
1위 비결

알고리즘을 이용한 추천 기술을 가장 잘 활용한다는 평가를 받는 앱이 요즘 인기인 '틱톡'입니다. 여러분도 틱톡을 많이 하시나요? 틱톡은 중국의 바이트댄스라는 회사가 만든 동영상 앱입니다. 사람들이 올린 1분 안팎의 짧고 재미있는 영상들을 끊임없이 볼 수 있죠. 고등학생들이 교실에서 춤추는 영상이나 각종 특이한 챌린지 영상, 스포츠나 드라마의 한 장면 등 온갖 종류의 영상이 올라옵니다. 틱톡은 최근 몇 년간 페이스북이나 인스타그램을 제치고 세계에서 가장 많이 다운로드된 앱이랍니다. 누적 다운로드가 30억 건을 넘었죠. 또 미국과 유럽 등에서 10대들이 가장 오랜 시간 사용하는 앱이기도 합니다. 틱톡의 성공을 보고 유튜브는 '쇼츠', 페이스북과 인스타그램은 '릴스'라는 이름으로 비슷한 영상 서비스를 선보이고 있습니다.

틱톡의 성공 비결 중 하나가 바로 탁월한 영상 추천 알고리즘입니다. 스마트폰의 세로 화면 가득, 눈길을 뗄 수 없는 짧고 재미있는 영상이 나온 후 또다시 너무 재미있어 보이는 영상이 화면에 뜹니다. 엄지손가락으로 계속 영상을 넘기다 보면 어느새 몇 시간이 훌쩍 지나가 있기도 하죠. 재미있는 점은, 틱톡은 영상을 추천할 때 사용자의 친구 관계나 소셜 그래프를 전혀 고려하지 않는다는 것입니다. 페이스북이나 트위터, 인스타그램을 제대로 사용하려면 친구 추가나 팔로우가 필수적이지만, 틱톡은 그렇지 않습니다.

틱톡은 오직 인공지능 알고리즘이 추천 영상을 결정합니다. 사용자가 어떤 종류의 영상을 보는지, 얼마나 오래 보는지 혹은 빨리 넘기는지, 어떤 영상을 추천받을 때 시청 시간이 길어지는지 등의 지표만으로 사용자의 취향을 파악합니다. 그럼에도 실제 친구 관계와 관심사를 활용해 콘텐츠를 추천하는 페이스북이나 인스타그램을 앞서는 성과를 내고 있습니다. 인공지능 알고리즘의 성능이 그만큼 높은 수준에 이르렀다는 이야기입니다. 메타의 CEO 마크 저커버그가 "틱톡이 페이스북과 인스타그램의 최대 위협"이라고 공공연히 언급하는 것도 이해가 됩니다. 우리가 멍하니 영상을 보거나, 혹은 재미없어 손가락으로 넘겨 버리는 대수롭지 않은 행동이, 틱톡이 세계 최대 앱으로 발전하는 데 큰 기여를 한 셈입니다.

추천 알고리즘으로 유명한 또 하나의 예로 넷플릭스를 들 수 있습니다. 인기 프로그램과 영화를 스마트폰이나 PC로 원하는 때 볼 수 있는 영상 스트리밍 서비스입니다. 다른 영화사나 TV 제작사가 만든 콘텐츠를 사들여 사람들이 볼 수 있게 할 뿐 아니라 요즘은 자체적으로 오리지널 콘텐츠도 많이 만들고 있죠. 〈오징어 게임〉이나 〈수리남〉 같은 한국 드라마도 넷플릭스에 공개되어 세계적으로 인기를 얻었습니다.

넷플릭스 역시 시청자가 좋아할 만한 작품을 추천하는 것이 중요합니다. 사람들이 '볼 게 없다'고 생각한다면 매달 만 원 이상을 꼬박꼬박 내 가며 구독하지 않을 테니까요. 그래서 넷플릭스는 갖고 있는 모든 콘텐츠에 자세한 태그를 붙입니다. '코미디'나 '액션'같이 포괄적인 장르가 아니라 '흑인 남자 배우', '학교 로맨스' 등으로 세세하게 분류합니다. 사용자가 한 작품을 보면 그와 비슷한 태그를 가진 다른 콘텐츠를 추천하죠. 재생 전 화면에 노출되는 섬네일 역시 여러 가지 버전으로 만듭니다. 클릭을 가장 많이 유도하는 디자인을 사용자 맞춤형으로 보여 줍니다.

사실 넷플릭스가 보유한 콘텐츠가 상대적으로 많은 것은 아니라고 합니다. 하지만 각 사람의 취향에 맞는 콘텐츠 추천 전략으로 승부를 본 거죠.

7장.

나를 따라다니는 광고

갖고 싶은 신발이나 옷을 온라인 쇼핑몰이나 검색 포털에서 찾아봤는데, 그다음에는 어느 사이트를 가건 어느 앱을 열건 그 신발이나 옷 광고가 뜨는 것을 본 일이 있지 않나요? 뉴스 사이트에 가면 상단에 그 신발 광고가 나오고, 페이스북을 열면 타임라인 중간에 그 신발 광고가 뜨죠. 전자 제품이나 휴대폰, 먹거리도 마찬가지입니다. 마치 광고가 나를 따라다니면서, 장바구니에 넣어 놓고 살까 말까 고민하는 그 물건을 지금 당장 사라고 속삭이는 듯합니다. 정말 신기하죠? 누군가 나를 감시하고 있는 것은 아닐까 소름 끼쳤다는 이야기도 많이 들었습니다.

이런 광고를 '리타겟팅 retargeting 광고'라고 합니다. 누군가 어떤 물건을 검색하거나 쇼핑 사이트에서 살펴보고 장바구니에 넣어 두었다면 그 사람은 그 물건에 관심이 있고 살 의사가 있다고 생각할 수 있습니다. 설사 이번에 사지 않았다 하더라도, 그 사람을 겨냥해 지속적으로 관련된 광고를 보여 주면 살 확률이 높아질 것입니다. 한번 어떤 상품에 관심을 보인 사람을 따라다니며 지속적으로 그를 겨냥한 광고를 다시 보여 준다는 뜻에서 '리타겟팅'이라는 이름이 붙었습니다. 인터넷에서 가장 널리 쓰이는 광고 기법 중 하나죠.

내 기기에 쌓여 가는 쿠키

어떻게 이런 일이 가능할까요? 우리가 스마트폰이나 컴퓨터로 인터넷을 한다고 생각해 봅시다. 크롬이나 엣지 같은 브라우저로 웹 사이트에 접속하면 브라우저가 사이트의 정보를 받아 와 화면에 뿌려 줍니다. 네이버 웹툰에 접속하면 웹툰 목록을, 유튜브에 접속하면 영상들의 피드를 보여 줍니다. 웹 서핑을 한다는 것은 우리가 가진 기기의 브라우저와 우리가 접속하려고 하는 사

개인 맞춤 광고를 사용 설정하시겠어요?

표시되는 광고를 더욱 세밀하게 관리할 수 있습니다

개인 맞춤 광고에 다음 정보가 사용됩니다

- Google 사이트 및 앱을 사용하는 대략적인 위치 등 Google 서비스 사용과 관련된 신규 및 기존 활동

- Google 계정의 정보(예: 연령)

- 내 광고 센터에서 선택한 사항(예: 선호하는 광고 주제 및 브랜드)

Google이 광고 맞춤설정에 사용하도록 허용할 정보를 선택할 수 있습니다.

더욱 관련성 높은 광고가 표시될 수 있음
내가 관심 있는 제품과 브랜드 광고를 찾는 데 내 정보가 사용됨

이 설정은 Google 안팎에 게재되는 광고에 영향을 줍니다.
YouTube와 Google 검색과 같은 Google 사이트 및 앱에서 개인 맞춤 광고가 표시되며, Google과 파트너 관계를 맺은 사이트와 앱에서도 개인 맞춤 광고가 표시될 수 있습니다. 이 설정은 사용하는 모든 기기에서   @gmail.com Google 계정에 적용됩니다.

개인 맞춤 광고의 작동 방식 알아보기

취소   사용 설정

구글의 '내 광고 센터' 페이지에서 맞춤 광고에 관한 정보를 확인할 수 있다.

이트가 서로 통신을 하는 것이라 할 수 있습니다.

이때 이들이 우리 눈에 보이는 웹 사이트의 화면 정보만 주고 받는 것이 아닙니다. 인터넷을 보다 빠르고 편리하게 이용할 수 있도록 몇 가지 다른 정보들을 눈에 보이지 않게 교환합니다. 예를 들어 로그인 정보를 저장해 두면 나중에 그 사이트에 접속할 때 아이디와 패스워드를 다시 입력할 필요 없이 편리하게 로그인할 수 있죠. 또 세계 여러 나라 사람들이 쓰는 인스타그램이나 유튜브 같은 사이트라면 사용자가 사는 지역에 맞는 설정을 저장해 두는 것이 편리할 수도 있습니다. 그러면 현지 시간에 맞는 콘텐츠나 서비스를 보여 줄 수 있죠.

이런 목적을 위해 웹 사이트가 각 사용자의 인터넷 브라우저에 조금씩 저장해 두는 정보를 '쿠키cookie'라고 합니다. 마치 부엌 찬장에 맛있는 쿠키를 숨겨 놓고 꺼내 먹듯이, 사용자 기기에 정보를 넣어 놓고 필요할 때 활용하는 것이죠. 인터넷에 접속할 때 우리가 모르는 사이에 이런 쿠키 정보가 기기에 쌓입니다.

리타겟팅 광고 역시 쿠키를 활용합니다. 예를 들어 쿠팡에서 검색한 물건에 대한 정보가 사용자 웹 브라우저에 쿠키로 저장되고, 페이스북에 접속할 때 페이스북이 이 쿠키를 읽어 연관된 광고를 보여 주는 겁니다. 이런 광고는 사용자에게 유용할까요, 불편할까요?

사람들은 생활에 무엇인가 필요하기 때문에 검색을 하고, 쇼핑몰을 살펴보고, 관련 블로그와 후기를 읽습니다. 리타겟팅 광고는 사람들이 필요로 하는 물건에 대해 다시 알려 준다는 점에서 유용할 수 있습니다. 하지만 단순히 궁금해서 알아보기만 한 경우에도 어디를 가건 매번 같은 광고가 나온다면 거슬릴 수 있습니다. 심지어 이미 그 물건을 산 이후까지 계속 광고가 따라오기도 합니다. 무엇보다 다른 사람, 다른 기업이 나의 관심사를 정확하게 알고 맞춤형 광고를 한다는 것이 심리적으로 불편할 수 있습니다. 일상에서도 친구나 가족이 나의 취향을 정확히 알고 선물을 하거나 제품 추천을 한다면 기분이 좋지만, 잘 모르는 사람이 그런다면 이상한 느낌이 들겠죠.

쿠키는 이렇게 인터넷을 더 편리하게 쓰도록 돕는 역할로 고안됐지만, 점점 광고에 더 많이 쓰이게 되었습니다. 많은 웹 사이트가 사용자를 추적하기 위한 데이터를 점점 더 많이 심기 시작했습니다. 사이트를 운영하는 회사뿐 아니라 그 사이트에 광고를 하는 다른 회사들 역시 추적 데이터를 심기도 합니다. 우리가 방문하는 사이트, 우리가 쓰는 앱에는 어느새 이렇게 사용자를 추적하는 장치들이 가득 차게 되었습니다. A라는 웹 페이지에 한번 들어가 봤을 뿐인데 B, C, D 회사의 추적 데이터가 우리 기기에 깔릴 수도 있습니다.

물론 회원으로 가입할 때 '어떤 사용자 데이터가 회사 측에 제공된다, 회사와 제휴한 제3자에게 어떤 정보가 제공될 수 있다' 등의 약관에 동의하는지 묻습니다. 하지만 사실 그러한 약관을 꼼꼼히 읽는 사람은 많지 않잖아요? 스타벅스 기프티콘 하나 받기 위해, 게임 이벤트 한번 참여하기 위해 처음 듣는 웹 사이트에 가입하거나 앱을 설치하기도 하니까요. 설사 약관을 읽는다 하더라도 여기에 가입함으로써 회사나 제3자에 주게 되는 정보가 무엇인지, 그것이 나에게 어떤 영향을 미칠지 이해하기란 쉽지 않습니다.

한입만 먹겠다며!

그렇다면 이런 인터넷 환경에는 어떤 문제가 있을까요? 우선 웹 사이트에 방문할 때마다 여러 회사의 각종 추적 소프트웨어가 깔리면서 속도가 느려지거나 배터리가 빨리 닳는 등의 문제가 생길 수 있습니다. 스마트폰이나 컴퓨터 성능이 좋다면 별문제가 되지 않을 수도 있지만, 오래된 기기나 성능이 약한 기기를 쓴다면 문제가 되겠죠.

또 이런 추적기 중에는 사용자의 정보를 무분별하게, 필요 이상으로 가져가는 것도 있을 수 있습니다. 어떤 정보를 가져가는 지 명확하게 설명하지 않고, 웹 페이지나 앱의 기능과는 상관도 없는 데이터까지 가져가는 것이죠. 크고 유명한 기업이라면 그래 도 규제를 지키고, 사회적으로 문제가 될 만한 행동을 피하려 조 심하기도 합니다. 반면 잘 알려지지 않은 기업 중에는 사회의 눈 을 피해 규칙을 무시하고 불법에 가까운 행동을 하는 곳도 있을 수 있습니다. 그래서 잘 모르는 앱을 설치하거나 석연치 않은 웹 페이지에 접속할 때는 조심해야 합니다.

더 큰 문제는 이와 같은 사용자 추적으로 사람들의 프라이버 시가 광범위하게 침해될 수 있다는 것입니다. 알지 못하는 사이 에 나에 대한 갖가지 정보가 여러 기업이나 기관에 넘어갈 수 있 습니다. 디지털 활동은 반드시 흔적을 남깁니다. 현실에서는 활 동의 흔적이 시간이 흘러 사라지기도 하고 여러 사람들의 흔적 을 다 모으기도 힘들지만 온라인에서는 다릅니다. 언제 어떤 사 이트에 접속해 얼마나 머물렀는지, 무슨 상품을 검색했고 어떤 댓글을 달았는지 등 우리가 남긴 흔적은 거의 사라지지 않습니 다. 그리고 대규모로 수집해서 분석하기도 쉽습니다.

특히 인터넷의 발달과 함께 구글이나 페이스북, 네이버, 카카 오톡처럼 전 세계 수십억 명 혹은 나라 전체가 쓰는 초거대 인터 넷 서비스들이 나오면서 이런 상황은 더 심각해졌습니다. 이렇게 큰 서비스들에서 쌓이는 엄청난 양의 정보(이를 빅데이터^{big data}라고 합니다)를 손에 꼽히는 몇몇 기업들이 보유하고 있습니다. 누군가 나에 대한 아주 상세한 '프로필'을 갖고 있다는 사실을 어떻게 생각하나요? 이 정보들은 내가 구글에서 검색했던 상품 광고를 인스타그램 피드에서 보여 주고, 모바일 게임 기업이 새로 나온 게임을 광고하고, 정치인이 타깃 유권자에게 지지를 호소하는 메시지를 보내는 데 쓰입니다. 기업들은 연령과 성별, 거주지, 소득 수준 등 여러 기준에 따라 최적화된 맞춤 광고를 내보낼 수 있습니다.

물론 개인 정보를 활용하는 바로 그 기술 덕분에 우리가 인터넷을 보다 쉽고 편리하게, 더 재미있게 쓸 수 있는 것도 사실입니다. 페이스북이 우리 프로필을 분석하지 않으면 우리에게 더 잘 맞는 친구나 더 재미있는 게시물을 추천해 줄 수 없습니다. 구글이 사용자에 대해 잘 알려 하지 않는다면 검색 결과에서 내가 찾는 정보를 얻기가 어려워질 것입니다. 광고라 하더라도 내가 관심 있는 것에 대한 광고가 나와 무관한 광고보다는 낫겠죠.

무엇보다 광고는 우리가 인터넷 대부분을 무료로 쓸 수 있게 해 주는 원동력입니다. 카카오톡으로 메시지를 보내거나 네이버에서 검색을 할 때 돈을 내지 않죠. 인스타그램을 이용하기 위해 한 달에 얼마씩 내야 하는 것도 아니고요. 하지만 이들 인터넷 기업은 큰돈을 벌고 있습니다. 바로 수많은 기업과 브랜드, 가게, 기

나보다 나를 더 잘 아는 너

관 등이 이들 인터넷 기업을 통해 여러분에게 광고를 하기 때문입니다. 이 같은 광고료가 인터넷 기업의 수익원입니다.

소셜 미디어는 정말 공짜일까?

구글이나 메타, 네이버 같은 회사 덕분에 광고를 하기가 매우 쉬워졌습니다. 모바일 게임을 개발하는 작은 회사가 있다고 생각해 봅시다. 재미있는 게임을 만들 실력은 있지만 홍보나 마케팅에 쓸 돈은 얼마 안 됩니다. 게임을 홍보하고 싶은데 어디에 광고를 내야 할지도 모릅니다. 예전 같으면 이런 회사는 게임 전문 매체나 작은 게임 전시회 같은 곳에서만 자신을 알릴 수밖에 없었을 것입니다.

구글이나 메타, 또는 온라인 광고 기업들은 이런 모바일게임 회사 같은 광고주들을 많이 모읍니다. 또 한편으로는 광고를 받아 돈을 벌고 싶은 웹 사이트나 앱 회사들도 모읍니다. 이런 사이트는 뉴스 사이트가 될 수도 있고, 온라인 커뮤니티일 수도 있고, 개인 블로그일 수도 있죠. 그리고 광고를 하고 싶은 광고주와 광고를 받고 싶은 웹 사이트를 자동으로 연결해 줍니다. 언론사의 육아 관련 기사에 아기용품 광고가 자동으로 나타나게 하는 식입

인터넷을 이용하며 수없이 접하게 되는 모바일게임 광고

니다. 언론사는 아기용품을 만드는 회사를 개별적으로 찾아다니며 광고를 하라고 권유할 여력이 없고, 아기용품 회사도 언론사 사이트에 광고를 내겠다고 직접 제안하고 다닐 여유가 없습니다. 그러니 예전에는 큰 언론사, 큰 기업만 이런 활동을 할 수 있었죠.

하지만 지금은 자동화된 소프트웨어를 써서 적은 비용으로 쉽게 온라인 광고를 낼 수 있습니다. 게다가 온라인 광고는 효과를 측정하기도 쉽습니다. 큰돈을 써서 TV에 광고를 해도 실제로 원하는 효과를 거두었는지, 당초 생각한 타깃 고객층이 광고를 많이 봤는지는 알기 어렵습니다. 반면 온라인 광고는 그 광고를 얼마나 많은 사람이 클릭했는지, 그렇게 광고주의 사이트로 넘어온 사람 중 실제 물건을 산 사람은 얼마나 되는지 등을 알 수 있습니다. 여러분의 페이스북 타임라인이나 유튜브 영상 피드 사이에 온갖 모바일 게임 광고가 나오는 것은 이 때문입니다.

그러니까 엄밀히 말하면 우리가 페이스북이나 인스타그램, 카카오톡, 네이버, 구글, 유튜브를 '무료'로 사용한다는 것은 사실이 아닙니다. 우리는 이들의 서비스를 이용하면서 우리의 시간과 주의력을 들여 광고를 보고 있습니다. 또 이런 광고의 효과를 높이는 데 필요한 우리의 개인 정보와 활동 기록을 주고 있습니다. 구매 버튼을 누르거나 신용카드를 긁지 않기 때문에 무언가를 지불한다는 생각이 안 들 뿐입니다.

우리가 아는 대부분의 인터넷 기업들은 콘텐츠나 서비스를 무료로 제공해 사용자를 모으고, 이들 사용자에게 홍보를 하고자 하는 광고주들에게 광고료를 받아 돈을 법니다. 즉, 서비스를 이용하는 사람과 비용을 지불하는 사람이 다른 구조입니다. 이렇게 서비스 사용자와 공급자를 큰 규모로 모아 서로 연결해 주고 수익을 내는 사업을 '플랫폼 비즈니스'라고 합니다.

이와 같은 방식에는 사람들이 여러 가지 인터넷 서비스를 부담 없이 즐길 수 있다는 장점이 있습니다. 인터넷은 시간과 장소의 제약을 받지 않고 사용자를 모을 수 있기 때문에 이런 사업 방식으로도 수익을 낼 수 있고 오히려 더 크게 사업을 키울 수도 있습니다. 하지만 문제도 있습니다. 인터넷 기업 입장에서 누가 진짜 고객인지 명확하지 않을 수 있다는 점입니다. 인터넷 기업에 실제로 돈을 지불하는 것은 광고주들이니, 개별 사용자들의 개인 정보나 프라이버시를 희생해 광고주들에게 유리하게 이용할 수도 있는 것이죠. 또 광고 효과를 높이기 위해서 사람들이 자신들의 인터넷 서비스에 최대한 오래 머물며 이용하게 만들려 합니다. 그래서 바람직하지는 않지만 사람들이 좋아하는 가짜 뉴스나 편향된 정보, 자극적 내용들을 더 많이 보여 주려는 유혹을 느낄 수 있습니다.

이들 인터넷 기업은 사용자의 취향과 특성에 대한 정보를 갖고 있기 때문에 이를 활용해 사용자 행동에 영향을 미칠 수 있습니다. 사용자에게 부정적 영향을 미치면서까지 자신들의 서비스를 더 많이, 더 오래 쓰도록 유도할 수도 있습니다. 전 세계에 걸쳐 엄청난 수의 사용자를 가진 대형 인터넷 기업, 이른바 '빅테크' 기업들에 대한 우려의 목소리가 커지는 이유입니다. 다음 장에서 이런 문제들에 대해 더 자세히 이야기하겠습니다. 일단은 인터넷에서 무료는 무료가 아니라는 점을 꼭 기억해 두세요.

애플과 메타가 싸운 이유

애플과 메타는 실리콘밸리를 대표하는 기업들입니다. 애플은 아이폰을 만들어 스마트폰 시대를 열었고, 메타는 페이스북으로 소셜 미디어라는 새로운 시장을 만들어 냈죠. 둘 다 빅테크 기업에 해당하지만 사실 두 회사는 큰 차이를 갖고 있습니다.

애플은 하드웨어를 만듭니다. 아이폰과 아이패드, 맥북을 만들죠. 이 기기를 팔아 돈을 법니다. 앱스토어에서 앱을 유통하고 음악과 영상 스트리밍 서비스도 하지만 이것들은 모두 애플의 하드웨어를 더 많이 팔기 위한 수단에 가깝습니다.

반면 메타는 광고로 돈을 버는 회사입니다. 페이스북과 인스타그램이라는 소셜 미디어를 운영하며, 여기에 모인 사람들을 상대로 광고를 하고 싶어 하는 광고주들을 모아 광고료를 받습니다. 사람들이 원하는 인터넷 서비스를 만든 후, 이들의 사용자 데이터를 바탕으로 광고주가 효과 좋은 광고를 할 수 있게 해 주는 거죠.

사용자 데이터를 대규모로 수집하고 분석해 광고에 활용하게 되면서 여러 가지 문제가 생겼습니다. 더 오래 서비스를 이용하게 만들고자 사람들의 행동을 안 좋은 쪽으로 유도하기도 하고, 프라이버시를 침해할 우려도 커졌습니다. 메타를 비롯해 구글 같은 곳이 이런 방식의 사업 모델을 가진 대표적 회사입니다.

반면 애플은 이런 문제에서 상대적으로 자유롭습니다. 애플은 기기를 파는 회사이고, 사용자 데이터를 활용한 광고 사업을 크게 할 이유가 없습니다. 페이스북이나 인스타그램은 아이폰에서 쓸 수 있는 수많은 앱 중 하나일 뿐이니까요. 그래서 애플은 프라이버시 보호를 아이폰의 중점 기능으로 내세우고 있습니다. 외부 기업이나 정부 등이 사용자 데이터를 함부로 가져갈 수 없도록 엄격하게 관리하겠다는 것이죠. 이렇게 하면 아이폰을 쓰는 소비자는 좋지만, 메타같이 광고를 중심으로 돌아가는 회사는 사업에 어려움이 생깁니다.

애플은 2021년 새로운 프라이버시 정책을 발표합니다. 이른바 '앱 추적 투명성App Tracking Transparency, ATT' 정책입니다. 애플은 모든 아이폰이나 아이패드 기기에 고유의 식별자를 부여합니다. IDFAIdentifier for Advertisers라고 하는, 광고를 위한 일종의 등록 번호 같은 것입니다. 앱 개발자나 모바일 광고 기업은 이 IDFA를 기준으로 사용자를 추적하고 데이터를 얻어 분석할 수 있습니다(물론 애플이 민감한 모든 정보를 그대로 주는 것은 아니고, 데이터를 익명화된 상태로 가공해 제공합니다).

바뀐 애플 ATT 정책은 이제는 앱 데이터를 추적하려면 먼저 아이폰 사용자의 동의를 구해야 한다는 내용입니다. 기존에는 아이폰을 구애하면 암묵적으로 이러한 추적에 동의한 것으로 간주하고, 거부하려면 설정에 들어가 허용 여부를 바꿔야 했습니다. 그런데 이제는 기본적으로 추적을 금지하고, 모든 앱이 일일이 사용자에게 추적에 대한 동의를 받아야 한다는 것이죠.

'당신을 추적해도 되겠습니까?'라고 묻는다면 동의할 사람은 당연히 별로 없겠죠. 이 정책이 실시된 후 추적에 동의하는 사람의 비중은 10퍼센트 안팎에 불과했습니다. 메타, 트위터, 스냅 같은 소셜 미디어 기업들의 매출이 6개월 사이에 98억 5,000만 달러, 당시 우리 돈으로 11조 원 이상 줄었을 것이라는 분석이 나올 정도였습니다.

　당연히 모바일 맞춤형 광고 중심의 기업들은 반발했습니다. 특히 메타가 반대 캠페인에 앞장섰습니다. 애플의 정책 때문에 적은 비용으로 인터넷 광고를 활용하던 소상공인들이 어려움을 겪을 것이라고 신문 광고를 내기도 했습니다. 이에 대해 팀 쿡 애플 CEO는 "페이스북은 훔쳐보기 좋아하는 사람 같다"라며 비꼬기도 했습니다. 개인 정보를 대규모로 활용하는 온라인 광고에 대한 우려가 큰 상황이라 메타의 하소연은 별로 호응을 얻지는 못했습니다.

　하지만 온라인 광고에 기반한 무료 서비스 모델은 우리가 인터넷을 적은 비용으로 쓸 수 있게 해 주는 원동력이기도 합니다. 만약 우리가 새로운 인터넷 서비스를 이용할 때마다, 혹은 온라인 게시물을 읽을 때마다 돈을 내야 한다면 인터넷을 자유롭게 쓰기 어려울 것입니다. 또 인터넷 사업을 하려는 사람들도 고객을 찾기가 더 어려워질 수 있습니다.

　비용 부담 없는 인터넷과 프라이버시 침해 없는 인터넷 사이에서 균형을 찾기는 쉽지 않습니다. 이런 가운데 우리에게 필요한 건 일단 인터넷에서 우리의 데이터를 무분별하게 흘리지 않도록 주의하는 자세일 것입니다. 애플은 다른 기업들의 사용자 추적에 제약을 걸어 놓고, 자신들은 오히려 사용

더보기

자 데이터를 이용한 자체 광고 사업을 확대하고 있다는 사실
도 기억해 두면 좋을 듯합니다.

3부

디지털 세상 속
흔들리는
내 마음 지키기

요즘 청소년에게는 익숙하지 않은 말이겠지만, 예전에는 '사이버cyber'라는 말을 많이 썼습니다. 우리가 실제로 사는 세계와 구분되는 온라인 세상, 컴퓨터로 만들어 낸 존재라는 뜻이죠. 온라인 게시판은 '사이버 공간', 컴퓨터 그래픽으로 만든 캐릭터 가수 '아담'은 '사이버 가수', 컴퓨터 네트워크에 대한 해킹 공격은 '사이버 공격'이었습니다. 현실과 구분되는 '사이버 세상'은 굉장히 신기하고 낯선 것으로 여겨졌습니다. 요즘은 예전처럼 자주 들리지는 않는 말이죠. 아마 사이버라는 말이 주는 신기한 느낌이 많이 사라졌기 때문인 것 같습니다.

요즘도 당연히 온라인과 오프라인의 구분이 있습니다. 하지만 이제 그 구분이 거의 무의미할 정도로 우리는 디지털 세상에 깊이 들어와 살고 있습니다. 오프라인에서 하던 많은 활동을 온라인에서도 할 수 있게 되는 것을 넘어, 오프라인과 온라인 세상이 합쳐지는 단계로 나아가고 있죠. 이러한 추세는 1980년대 개인용 컴퓨터PC가 보급되고, 1990년대 이후 인터넷이 확산되면서 본격적으로 나타났습니다. 그러다 2010년대 스마트폰이 등장하면서 온·오프라인 세상의 통합이 본격적으로 속도를 내기 시작했고, 이제는 아예 두 세상을 완전히 합치는 '메타버스' 세상을 만들려는 노력도 활발합니다.

예전에는 학교나 동네 친구들이 함께 숨바꼭질을 하거나, 축구를 하거나, 아니면 누구 한 사람의 집에 모여서 노는 일이 많았습니다. 이런 것들이 '놀이'였습니다. 하지만 요즘 친구들은 PC방에서 같이 게임을 하거나 서로 인스타그램 댓글을 달며 노는 시간이 더 많을지도 모릅니다. 어른들은 아이들이 뛰어놀지는 않고(라고 쓰고 '공부는 안 하고'라고 읽습니다) 컴퓨터나 스마트폰만 끼고 산다고 걱정을 많이 합니다. 그런데 '놀이'라는 것이 친구와 어울려 여러 가지 활동을 하고 대화를 나누는 일이라면, 우리는 이미 온라인 공간에서 충분히 그런 일들을 하고 있지 않나요? 우리가 카카오톡을 너무 많이 한다고 걱정하는 부모님도 어렸을 때엔 집 전화를 붙잡고 밤새 친구와 통화를 해서 부모님의 눈총을 샀을 수도 있어요.

물론 운동도 하지 않고, 밖에 다니지도 않고 하루 종일 컴퓨터 앞에 앉아 게임만 하거나 스마트폰으로 유튜브만 보는 것이 바람직하지는 않습니다. 몸을 충분히 움직이며 건강하고 활기차게 살아가는 것은 누구에게나 중요합니다. 다만, 그간 오프라인에서 하던 일들을 온라인에서 점점 더 많이 하게 되는 것은 막을 수 없는 추세입니다. 3년간 계속된 코로나19 팬데믹으로 이런 흐름이 더욱 빨라졌습니다. 놀이가 이미 상당 부분 게임으로 옮겨 왔고, 학교에 가지 않고 온라인 수업을 하는 것도 더는 낯설지 않습니다. 큰 마트나 동네 전통 시장에서 장을 보지 않고 쿠팡 등 당일 배송 업체에서 주문하는 사람도 늘고 있습니다. 직접 밥을 해 먹기보다는 배달 주문을 하는 경우도 늘어나고 있죠. 극장에 가지 않고 방에서도 넷플릭스로 흥미진진한 영화를 얼마든지 볼 수 있습니다.

이런 디지털 기술은 우리 삶을 예전보다 훨씬 편하고 자유롭게 해 주었습니다. 우리는 이제 내일 필요한 물건을 오늘 밤에 주문할 수도 있고, 회사 밖에서 컴퓨터와 스마트폰만으로 웬만한 업무를 처리할 수도 있습니다. 길가에 서서 한없이 기다리지 않고 앱으로 택시를 부를 수 있고, 먼 나라로 유학 간 친구와 영상으로 자유롭게 대화하고 소식을 들을 수 있습니다. 내가 어디에 있건 인터넷을 통해 취미와 성향이 비슷한 사람을 얼마든지 만날 수 있습니다.

우리는 '아톰atom'에서 '비트bit'로 세상의 큰 틀이 변하는 시기의 한복판에 살고 있는 것일지도 모릅니다. '아톰'은 '원자'라는 뜻이죠. 물질을 이루는 기본 단위입니다. 즉 우리가 사는 현실 세계를 말합니다. '비트'는 정보의 최소 단위로, 디지털 기술을 상징하는 말입니다. 놀이, 대화, 모임, 공부, 업무, 교통 등 '아톰' 영역에서 이뤄지던 모든 일이 이제 '비트'의 영역에서 일어나고 있습니다.

하지만 변화의 한가운데 있다는 말은 많은 것이 불확실하고 불안하다는 의미이기도 합니다. 우리는 아직 디지털 세상에서 잘 살아 나갈 방법을 충분히 알지 못합니다. 그러다 보니 온라인 공간에서 어려움을 겪기도 하고 문제를 일으키기도 합니다. 페이스북 '좋아요' 개수에 신경 쓰거나 쏟아지는 카카오톡 메시지에 답하느라 정작 중요한 일을 못 하고 있지는 않나요? 인스타그램에 올릴 음식 사진을 찍느라 정작 모임에 함께한 소중한 사람들을 소홀히 대하기도 하죠. 숙제는 미루고 자기도 모르게 계속 유튜브 영상만 보

말 그대로 스마트폰과 함께 나고 자라는 아이들

며 시간을 보내기도 합니다.

　인터넷과 스마트폰이 없는 시대에 태어나 자란 세대는 날 때부터 스마트폰과 함께 자란 '디지털 네이티브digital native' 청소년 세대를 이해하기 힘들고, 필요한 도움을 잘 주지 못할 수도 있습니다. 어찌 보면 조선 시대에서 근대로 넘어가는 개화기에 우리나라 사람들이 세대 간에 많은 갈등과 고충을 겪을 수밖에 없었던 것과 비슷해 보이기도 합니다.

　그렇다면 디지털 시대에 우리가 겪는 어려움은 어떤 것들이 있을까요? 그리고 이런 문제를 슬기롭게 잘 이겨 나갈 방법은 무엇일까요?

8장.

인스타그램 스타와
비교하니 속상해

인스타그램 피드를 휘리릭 넘겨 보세요. 예쁘고 잘생긴, 얼굴
도 몸매도 완벽한, 좋은 옷을 입고 멋진 레스토랑이나 아름다운 여
행지를 다니며 셀카를 찍어 올리는 '인싸'들이 가득합니다. 팔로
워는 수백만 명에 이르고, 업로드한 포스트에는 '언니 너무 멋져
요', '형 너무 대단해요' 하는 팬들의 댓글이 끝도 없이 달립니다.

소셜 미디어 업계에서는 이런 사람들을 '인플루언서influencer'라
고 부릅니다. 영어 'influence'는 '영향을 미친다'라는 의미죠. 자
신의 소셜 미디어 친구와 팬에게 영향력을 미칠 수 있는 사람이

라는 뜻입니다. 기업들은 이들에게 제품을 협찬하며 광고를 해 달라고 요청합니다. 인플루언서 중에는 연예인도 있지만, 소셜 미디어 활동을 통해 스스로 연예인 못지않은 위치에 올라선 일반 인(?)도 많죠. 이런 인플루언서를 보면 어떤 생각이 드나요? '이렇게 옷을 입으면 나한테 잘 어울릴 것 같다', '저 식당에 이번 주말에 한번 가 봐야겠다' 하는 생각이 들 수도 있습니다. 하지만 평범한 나의 일상과 대조되는, 잘나가는 사람들의 생활에 묘한 부러움을 느낄 수도 있겠죠.

인플루언서뿐 아닙니다. 주변의 친구나 지인의 인스타그램 게시물을 보면서도 왠지 부러움을 느낄 때가 많습니다. '쟤는 저렇게 잘나가는구나', '여자 친구 예쁘네', '나보다 공부도 못했는데, 좋은 학교 갔네', 이런 생각들이 들지는 않나요? 멋진 레스토랑에서 사람들과 즐거운 시간을 보내는 친구의 사진을 보면, 독서실에 틀어박혀 시험 준비를 하는 내가 초라해 보이기도 합니다.

만인의 전시장

사람들은 다들 어느 정도 서로 자기 자랑을 늘어놓기도 하고, 또 어느 정도는 다른 사람들을 부러워하기도 합니다. 전혀 이상할 것 없이 자연스러운 일입니다. 하지만 문제는 페이스북이나 인스타그램 같은 소셜 미디어가 워낙 인기를 끌다 보니 전에는 접할 일 없던, 너무나 많은 사람들의 자랑을 이제는 실시간으로 볼 수 있게 되었다는 것입니다. 우리는 다른 사람들의 이런 '자랑질'에 쉽게 영향을 받습니다.

사실 멋진 레스토랑에 가서 즐거운 시간을 보냈다며 근사한 사진을 올린 친구는 1년에 단 하루, 생일을 맞아 큰맘 먹고 그곳에 간 것일지도 모릅니다. 우리 대부분은 가끔 일상을 탈출해 그런 시간을 갖죠. 그런데 인스타그램 피드에서는 여러 친구의 사진을 모두 한 번에 볼 수 있습니다. 그러니 나 빼고는 모두 즐거운 인생을 살고 있는 것처럼 보입니다. 전혀 사실이 아닌데도요.

게다가 많은 사람들이 소셜 미디어를 이용하게 되면서, 직업적으로 사진과 영상을 올리며 조회 수를 모으고 이렇게 모은 영향력을 바탕으로 수익을 얻는 사람들이 생겼습니다. 소셜 미디어 활동이 직업인 사람, 앞에서 말한 인플루언서입니다. 또 소셜 미디어를 통해 얻을 수 있는 사람들의 관심이 좋아서 모든 것을 제쳐 둔 채 사진 찍어 올리고 댓글 달고 '좋아요'를 누르는 데만 열중하는 사람도 있습니다. 요즘 흔히 하는 말로 '관종(관심종자)'이죠.

이런저런 이유로 우리는 행복하고 멋지고 잘나가는 사람들 사이에 둘러싸여 사는 듯한 느낌에 사로잡힙니다. 소셜 미디어에서 많은 시간을 보낼수록 자신도 모르게 다른 사람과 나를 끊임없이 비교하게 될 가능성이 크다는 것이죠. 이런 비교는 분명히 여러분을 더 행복하게 하지는 않을 것입니다. 실제로 소셜 미디어에 시간을 쓸수록 우울이나 불안을 겪을 가능성이 커지고, 사용 시간을 줄이면 이런 문제들도 함께 줄어든다는 연구 결과들이 많습니다.

소셜 미디어는 우리의 삶과 세상을 비춰 주는 거울과 같습니다. 하지만 세상을 있는 그대로 비추는 것은 아닙니다. 특히 소셜 미디어의 규모가 커지고 그 안에서의 활동을 통해 이득을 얻을 수 있다는 사실이 알려지면서 어쩌면 실제 세상과의 거리는 더 멀어졌다고 볼 수 있습니다. 소셜 미디어 기업과 이를 통해 인기와 돈을 얻으려는 사람들은 더 자극적인 사진과 글을 더 많이 노출시켜 우리의 더 많은 시간을 빼앗아 가고, 감정을 좌지우지합니다.

다 의도된 거야

지난 2021년 메타(당시 페이스북)에서 일하던 직원이 회사 내부의 문제를 고발한 사건이 있었습니다. 페이스북과 인스타그램

2021년 10월 5일 미국 의회 청문회에서 증언 중인 프랜시스 하우겐

의 알고리즘이 가짜 뉴스나 잘못된 정보를 퍼뜨리고, 사용자들에게 부정적 감정을 심어 주는 역할을 한다는 내용이었습니다. 고발자는 메타의 허위 정보 대응 부서에서 일하던 프랜시스 하우겐이었죠.

그가 폭로한 자료 중에는 인스타그램이 10대 청소년들에게 안 좋은 영향을 미친다는 것을 알면서도 회사가 이를 방치했다는 내용이 포함되어 있었습니다. 메타는 자체적으로 실시한 사용자 조사를 통해 인스타그램을 보는 10대 여성 중 32퍼센트가 자신의 몸에 대해 불만족스럽다고 느끼며, 인스타그램이 이런 느낌을 더 강화한다는 사실을 확인했습니다. 우리가 피드를 채우는 멋진 남녀들을 보며 종종 느끼는 감정입니다만, 정식 조사를 통해 직접 확인했다는 점에서 의미가 크죠. 조사에 따르면, 평소 자살에 대해 생각해 본 적 있는 청소년은 인스타그램을 사용하면서 이런 부정적 감정이 더 심해지기도 했습니다.

그렇다면 메타는 이런 조사 결과를 접하고 어떤 대책을 세웠을까요? 별다른 대책을 세우지 않았습니다. 그냥 대수롭지 않게 넘어간 것이죠. 왜냐하면 멋지고 잘나가는 사람들의 사진이 계속 올라와야 사람들이 인스타그램을 더 많이 쓰고, '좋아요'를 더 많이 누르며, 기업들이 광고를 더 많이 할 것이기 때문입니다. 오히려 이 시기에 메타는 더 많은 미성년 사용자를 끌어들이기 위해 13세 이하 어린이 전용 인스타그램을 출시할 계획을 세우고 있었습니다. 비판이 거세져 결국 취소되었지만요.

청소년기는 특히 외모에 대한 관심이 커지는 때입니다. 그렇지 않아도 외모에 대한 고민이 많은데, 인스타그램이나 페이스북에서 수많은 미남 미녀들을 접하다 보면 자신도 모르게 외모를 남과 비교하면서 스스로에 대한 불만을 키우게 되기 쉽습니다.

흔히 '뽀샵'이라고 불렸던 사진 보정이나 필터 기능도 요즘에는 갖가지 스마트폰 앱으로 쉽게 사용할 수 있기 때문에, 웹상에서는 더욱 미남 미녀가 많아졌습니다. 사진만 보면 모두 피부는 뽀얗고, 턱선은 갸름하고, 눈망울은 초롱초롱합니다. 인스타그램, 페이스북 앱에도 요즘은 사진 보정과 필터 기능이 기본적으로 들어 있죠. 이러한 기능이 스스로에 대한 부정적 인식을 갖게 하고, 획일적인 미의 기준을 부추긴다는 걱정도 나옵니다. 노르웨이에서는 소셜 미디어 인플루언서가 기업의 후원을 받아 콘텐츠를 올릴 때 사진을 보정했는지 안 했는지를 밝히도록 하는 법도 제정되었습니다. 사진을 보정해 피부를 더 하얗게, 얼굴은 갸름하게, 다리는 길게 하지 않았는지 표시하라는 내용입니다. 이렇게 하면 우리가 소셜 미디어를 이용하며 자기도 모르게 느끼게 되는 '완벽한 몸에 대한 강박'을 줄일 수 있을까요?

필터에 잡아먹히지 않으려면

사진을 찍을 때 입에서 무지개가 쏟아지거나 머리에 강아지 귀를 다는 등의 증강현실^AR 필터는 한번 깔깔대고 웃을 수 있는 장난감으로 쓰이곤 합니다. 하지만 외모의 단점을 보완하고 더 아름답게 보이게 하는 뷰티 필터가 많이 쓰이는 것도 사실입니다. 오늘날 사진 앱은 최고의 성형외과 의사라는 생각이 들 정도입니다.

실제로 요즘 성형외과에는 앱으로 보정된 자신의 모습처럼 수술해 달라는 사람이 늘고 있다고 합니다. 얼마 전만 해도 주로 연예인 사진을 보여 주며 비슷하게 수술해 달라고 했다는데 말이죠. 영국에서는 앱으로 보정한 자신의 모습과 똑같이 성형수술을 한 청년의 이야기가 뉴스를 타기도 했습니다. 이 사람은 자기 외모가 마음에 안 들어 늘 앱으로 보정한 사진을 소셜 미디어에 올렸다고 하는데요, 그러다 아예 사진 속 자기 모습을 모델로 수술을 해 버린 것입니다. 비용은 13만 파운드, 우리 돈으로 약 2억 원이 들었다고 하네요.

이런 현상을 어떻게 받아들여야 할까요? 청소년들에게는 특히 와닿는 문제일, 과도한 사진 보정의 문제를 경고하는 연구들이 여럿 있습니다. 미국 애리조나대학 연구 팀이 14~17세 여성 278명을 대상으로 실시한 2018년 연구에 따르면, 자기 외모에 대해 많이 생각하고 사진 보정을 많이 하는 사람은 외모에 대한 불안이 높고 자기 대상화를 하는 경향도 컸다고 해요. 자기 대상화는 스스로를 사물처럼 바라보며, 다른 사람의 시선에 어떻게 보일지 평가하는 것을 말합니다.

또 사진 보정 앱을 많이 쓰는 사람은 성형수술을 고려할 확률이 더 높고, 마른 몸매를 더 이상적으로 생각한다는 연구 결과도 있습니다. 자신의 몸에 이상이나 결함이 있다고 믿는 '신체 이형증'이라는 병을 부추길 수도 있다고 합니다. 스크린 속 완벽한 자신과 실제 자신의 차이를 늘 의식하며 살기 때문이죠.

사춘기 청소년이 외모에 관심을 가지는 것은 자연스러운 일이라고 생각합니다. 문제는 얼마나 자주, 어떤 마음으로 셀카를 찍고 보정을 하느냐는 것이겠죠. 소셜 미디어를 뒤덮은 보정 사진이 스스로의 외모에 대한 불만을 싹틔우는 원인이 되고, 그런 불만 때문에 보정에 집착하게 된다면 주변의 적절한 도움이 필요할 것입니다.

'예쁘다' 혹은 '아름답다'는 것이 무엇인지에 대해 획일화된 사회적 인식이 있는 것은 사실입니다. 그렇다고 해도, 너무나 당연한 사실이지만 누구나 자기 고유의 매력과 아름다움이 있습니다. '뽀샵' 처리된 미남 미녀들의 사진이 소셜 미디어를 뒤덮는 요즘에도 이 사실은 변하지 않는다는 점을 기억하세요.

인스타그램이나 페이스북 같은 소셜 미디어는 우리를 친구와 더 가깝게 연결해 주고, 더 다양하고 재미있는 정보와 지식을 선사하고, 새로운 친구를 소개해 주기도 합니다. 하지만 우리를 다른 사람과 비교하게 하고, 스스로에 대해 부정적인 느낌을 갖도록 하는 문제도 있습니다. 소셜 미디어는 우리가 사는 세상을 균형 있게 비추는 거울이 아닙니다. 인스타그램 피드에 비치는 모습이 그들 또는 우리의 실체는 아니라는 점을 명심해야 합니다.

흔히 소셜 미디어에 너무 많은 시간을 쏟는 일을 사용자 개인의 문제로만 취급하는 경향이 있습니다. 하지만 우리가 더 많은 시간을 쏟을수록 소셜 미디어 기업이 더 큰 이익을 얻는다는 사실을 염두에 둘 필요가 있어요. 기업의 이익과 사용자의 이익이 충돌한다면 기업은 자신들의 이익에 맞게 행동할 가능성이 큽니다. 그러므로 남이 나의 시간과 생각을 지배하지 못하도록, 개인을 넘어 사회의 지속적인 관심과 성찰이 필요합니다.

9장.

유튜브 보다 보니
어느새 새벽

"알 수 없는 유튜브의 알고리즘이 나를 이곳에 데려왔다." 혹
시 유튜브를 보면서 이런 댓글을 본 적 있나요? 전혀 관심도 없고
접한 적도 없는 분야의 영상이 유튜브에 추천 영상으로 떠서 자
기도 모르게 보게 되었다는 이야기죠. 신기하게도 이런 영상에는
비슷한 경험을 했다는 댓글들이 줄줄이 달려 있습니다.

유튜브는 영상 내용과 사용자 정보를 바탕으로 앞서 본 영상
과 비슷하면서 조금씩 다른 영상을 계속 추천합니다. 영화 〈닥터
스트레인지〉에 대한 리뷰 영상을 보고 나면 다음에는 〈닥터 스트

레인지〉에 대한 또 다른 영상을, 다음에는 〈어벤져스〉에 대한 영상을, 다음에는 '닥터 스트레인지' 역을 맡은 배우 베네딕트 컴버배치의 다른 출연작 영상을 보여 주는 식이죠. 이런 식으로 추천 영상을 쭉 따라가다 보면 어느새 처음 시작한 영상과는 완전히 다른 종류의 영상을 보고 있게 됩니다.

여기서 중요한 것은, 우선 전혀 모르는 사이에 다른 누군가가 나의 행동과 생각을 유도했다는 사실입니다. 그리고 처음 보려고 마음먹었던 영상에서 시작해 결국 전혀 상관없는 이 영상까지 오는 동안 우리는 줄곧 시간을 들여 유튜브를 보고 있었다는 점이죠. 어쩌면 밤을 새웠을 수도 있어요!

시간을 빨아들이는 블랙홀?

이것은 여러분만 겪는 일이 아닙니다. 우리나라 사람들이 가장 많은 시간 이용하는 앱이 바로 유튜브입니다. 스마트폰 앱 사용 현황 등의 정보를 조사하는 빅데이터 플랫폼 모바일인덱스가 국내 이용자 4,138만 명을 대상으로 실시한 조사에 따르면, 2022년 9월 기준 우리나라 사람은 한 달 동안 유튜브 앱을 평균 32.9시간 보는 것으로 나타났습니다. 한 달 중 하루 반에 가까운 시간이 유튜브 시청에 쓰였다는 이야기입니다. 사람들은 카카오톡보다, 네이버보다 유튜브에 훨씬 많은 시간을 씁니다. 유튜브의 월간 총이용 시간은 13억 8,057만 시간이었습니다. 우리가 항상 끼고 사는 카카오톡이나 네이버 앱의 월간 사용 시간도 각각 5억 1,764만 시간, 4억 4,326만 시간 정도밖에 안 되는데 말이죠. 특히 10대 이하 남성들의 월평균 이용 시간은 45.2시간이나 되었습니다. 20대 여성이 40.2시간, 20대 남성이 39.6시간으로 뒤를 이었습니다.

우리가 이렇게 많은 시간을 유튜브에 쓴다면, 유튜브에서 우리가 무엇을 보는지도 무척 중요한 문제가 됩니다. 나아가 유튜브가 우리에게 무엇을 추천하는지 역시 매우 중요합니다.

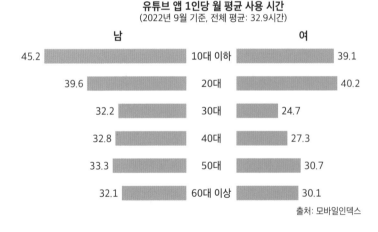

유튜브 앱 1인당 월 평균 사용 시간
(2022년 9월 기준, 전체 평균: 32.9시간)

남		여
45.2	10대 이하	39.1
39.6	20대	40.2
32.2	30대	24.7
32.8	40대	27.3
33.3	50대	30.7
32.1	60대 이상	30.1

출처: 모바일인덱스

대다수 연령대가 하루에 최소 한 시간을 유튜브에 쓰고 있다.

유튜브라는 플랫폼이 지향하는 목표는 무엇일까요? 재미있고 좋은 영상, 유익하고 충실한 정보를 담은 영상을 누구나 자유롭게 공유하고 시청할 수 있는 장을 제공하는 것이라고 할 수도 있겠습니다. 하지만 사실 유튜브를 소유한 기업으로서 구글의 목적은 최대한 많은 사람들이 최대한 오랜 시간 동안 유튜브를 보게 하고, 그럼으로써 광고 수익을 많이 올리는 것입니다. 사람들이 유튜브에서 영상을 더 많이, 더 오래 볼수록 유튜브에서 광고를 하고 싶어 하는 광고주는 더 늘어날 것입니다.

재미있고 좋은 영상들이 많이 올라와 사람들이 유튜브를 많이 본다면 유튜브와 사용자, 그리고 영상을 만들어 올리는 크리에이터 모두 만족할 것입니다. 하지만 이런 균형 상태는 오래가기 어렵습니다. 유튜브를 운영할 때 회사의 이익과 사용자의 이익이 충돌하는 경우가 생기면, 회사는 사용자가 아니라 자신에게 이익이 되는 방향으로 결정을 할 가능성이 크죠.

정교한 알고리즘과 방대한 사용자 데이터를 가진 유튜브 같은 플랫폼이 운영 방식을 조금만 바꿔도 사용자는 알지 못하는 사이에 큰 영향을 받을 수 있습니다. 밤새 유튜브를 보게 되는 식으로요. 사람들은 그러한 자극적 콘텐츠에 끌리는 경향이 있고 알고리즘은 자주 보는 종류의 영상을 더 많이 추천하도록 짜여 있으니, 사용자는 자연스럽게 더 자극적인 영상을 더 많이 접하

디지털 세상 속 흔들리는 내 마음 지키기

게 되는 것입니다. 사실 유튜브 스스로도 자극적이고 품질 낮은 영상들이 넘쳐 나는 것을 원하지는 않을 것입니다. 이렇게 되면 장기적으로는 결국 사용자가 떨어져 나가게 됩니다. 하지만 회사로서는 당장의 성장이나 수익을 생각하지 않을 수 없습니다.

구글은 유튜브 추천 알고리즘을 자세히 밝히고 있지는 않습니다. 이를 공개하면 사용자들이 역이용하여 자신의 영상이 많이 추천되고 노출되도록 꼼수를 쓸 수도 있기 때문입니다. 하지만 대략적으로는 조회 수, 조회 수가 늘어나는 속도, 시청 시간, '좋아요'나 댓글이나 공유 같은 사용자 참여 정도 등이 영향을 미치는 것으로 알려져 있습니다. 영상을 올리는 빈도나 한번 영상을 본 채널에서 다른 영상을 계속 본 시간, 지역 등도 고려 대상입니다.

유튜브는 이러한 알고리즘을 끊임없이 수정하고 개선합니다. 사람들이 원하는 영상을 더 많이 추천하고, 그래서 더 많은 사람들이 유튜브를 더 오래 보도록 하기 위해서요.

짧은 영상, 긴 재미, 그리고…

또 유튜브는 사람들의 시선을 사로잡을 새로운 기능들을 계속 내놓습니다. 얼마 전 새롭게 등장한 것이 '쇼츠'입니다. 유튜브에서 이미 많이 보고 있을 것입니다. 1분 안쪽의 짧은 영상을 휴대폰 화면에 맞는 세로 방향으로 보여 주는 서비스죠. 유튜브 영상 피드 한가운데 제일 눈에 잘 띄는 곳에 쇼츠 영상들이 배치되어 있습니다.

이런 짧은 동영상은 유튜브에서만 볼 수 있는 것이 아닙니다. 페이스북과 인스타그램에도 유튜브와 비슷하게 '릴스'라는 짧은 영상이 올라오는 것을 많이 보았죠? 페이스북에서 올린 릴스 영상을 인스타그램에도 올릴 수 있고, 반대로 인스타그램에 올린 릴스가 페이스북에 올라오게 할 수도 있습니다. 페이스북을 하건, 인스타그램을 하건 하나의 영상을 두 곳에서 동시에 사람들에게 보여 줄 수 있는 것이죠. 메타는 릴스 영상을 만드는 크리에이터들에게 제작비를 지원하는 등 릴스 활성화를 위해 많은 힘을 쏟고 있습니다.

유튜브와 페이스북, 인스타그램이 이렇게 짧은 영상 서비스에 정성을 기울이는 이유는 무엇일까요? 바로 '틱톡'의 엄청난 성공 때문이죠. 틱톡은 사용자들이 직접 스마트폰으로 찍은 10초에서 1분 안쪽의 짧고 재미있는 영상을 보여 주는 서비스의 원조입니다. 유튜브 쇼츠나 인스타그램 릴스는 틱톡을 거의 똑같이 베꼈습니다.

이 글을 읽는 여러분은 틱톡을 많이들 보는지 궁금합니다. 온갖 실없고 재미있는 영상이 틱톡에 올라옵니다. 교복을 입은 학생들이 교실에서 춤을 추고, 예쁜 여성이 다른 옷을 입은 모습을 비교해 보여 줍니다. 위로 던져 올린 플라스틱 물병이 탁자 위에 똑바로 서면 기뻐하는 영상, 인기 TV 프로그램의 가장 재미있는 장면만 편집한 영상 등이 피드를 가득 채웁니다. 틱톡 영상이 유튜브나 인스타그램으로 흘러가기도 하고, 온라인 커뮤니티에도 종종 올라오니 많이들 보았을 것입니다.

틱톡은 우리나라보다는 미국 같은 서구 국가의 젊은이들 사이에서 더 인기 있는 것 같습니다. 페이스북, 인스타그램, 유튜브, 스냅챗 같은 서비스의 본고장인 미국에서 이들을 모두 제치고 가장 사랑받는 서비스가 되었습니다. 다운로드 횟수가 가장 많은 앱이 된 지는 오래되었고, 월간 사용자 수가 10억 명이 넘습니다. 전 세계의 일고여덟 명 중 한 명이 한 달에 한 번은 틱톡에 접속한다는 말이죠. 더 눈길을 끄는 것은 체류 시간입니다. 센서타워라는 회사의 조사에 따르면 2022년 2분기 기준, 틱톡 사용자는 하루 평균 95분을 틱톡 영상을 보는 데 씁니다. 어떤 사람에겐 공부하는 시간보다 더 많을 수도 있겠네요. 유튜브는 74분, 인스타그램은 51분, 페이스북은 49분입니다. 이 정도면 '중독성 있다'라는 표현이 과장이 아닙니다.

틱톡이 재미있는 이유는 여러 가지가 있을 것입니다. 영상 플

어느새 콘텐츠 시장의 대세가 된 숏폼

레이 시간 자체가 극히 짧아 아무 부담 없이 가볍게 즐길 수 있습니다. 시간이 없으니 많은 내용을 담을 수 없고, 단번에 시청자의 눈길을 잡기 위해 아주 간단한 메시지를 머리에 확 박히게 전달합니다. 가랑비에 옷 젖는 줄 모른다고, 영상을 하나씩 엄지손가락으로 쓸어 넘기다 보면 어느새 시간이 훅 지나가 있죠.

영상을 만들기도 쉽습니다. 필터가 다양하고 편집도 간단한 편입니다. 게다가 음악도 다채롭게 넣을 수 있죠. 틱톡은 휴대폰 세로 화면을 이용한 매우 짧은 영상 포맷, 즉 '숏폼short form'을 만들어 냈습니다.

하지만 틱톡 역시 최대 성공 요인은 사용자가 보고 싶어 할 법한 영상을 착착 추천해 주는 알고리즘일 것입니다. 어떤 영상을 봤는지, 혹은 보지 않고 그냥 넘겼는지, 얼마나 오래 봤는지, 어디서 끊고 다음 영상으로 넘어갔는지, '좋아요'와 댓글을 남겼는지 등을 분석해 알고리즘을 만듭니다.

틱톡의 알고리즘을 설명하는 내부 문서가 공개된 적이 있습니다. 이 문서에 따르면, 회사의 궁극적 목표는 일간 방문자 수를 늘리는 것입니다. 이를 위해 사용자가 틱톡을 떠나지 않고 꾸준히 이용하도록 유지하고, 일일 사용 시간을 늘여야 한다고 명시돼 있습니다. 이런 목적을 염두에 두고 틱톡은 사용자에게 영상을 추천합니다. 앞에서 다룬 유튜브나 페이스북의 알고리즘과 목적이 같습니다.

틱톡의 인공지능 알고리즘은 이런 기본 원칙을 바탕으로 다양한 정보와 변수를 반영하여 추천 영상을 정합니다. 하지만 사용자 취향을 잘 분석한 추천이 항상 좋은 것만은 아닙니다. 우울증 증세가 있는 사람에게 우울증과 관련한 영상을 더 많이 추천하는 사례가 발견되는 등 틱톡의 알고리즘이 사용자의 정서와 정신 건강에 해를 끼칠 수 있다는 우려도 나옵니다. 특히 틱톡의 주 사용자층인 10대 여성 청소년들에게 부정적 영향을 미칠 수 있습니다.

그런데 틱톡의 알고리즘은 특이한 점이 있습니다. 앞에서도 설명했듯이 틱톡에는 다른 소셜 미디어와 달리 친구나 팔로우 시스템이 없습니다. 모든 추천은 틱톡에서 사용자가 하는 행동을 바탕으로 인공지능에 의해 이뤄집니다. 페이스북이나 인스타그램과는 달리 사람들이 가족과 친구의 영상에 더 관심을 보이리라 가정하지 않는 것입니다. 그저 인공지능이 사용자가 좋아할 만하다 판단하는 영상을 띄워 줄 뿐입니다.

최근 틱톡이 페이스북을 앞서는 성장세를 보이는 것을 보면, 사용자의 친구 관계를 분석해 골라 주는 메타의 소셜 콘텐츠보다 사용자의 시청 선호도와 행태만 분석해 제시하는 틱톡 영상을 사람들이 더 재미있게 여긴다고 볼 수 있을 듯합니다. 당연히 사람들의 시간과 관심도 더 많이 끌어들이고 있죠. 이는 우리가 무엇을 보고 어떻게 시간을 보내는지를 인공지능이 상당 부분 결정할 수 있다는 이야기이기도 합니다. 인공지능은 계속 쌓여 가는 데이터를 바탕으로 학습을 이어 가며 성능을 높여 나갈 수 있습니다. 그 학습 속도는 사람이 도저히 따라갈 수 없을 정도죠. 알파고가 쉬지 않고 온라인 대국을 거듭해서 바둑 세계 챔피언 이세돌을 이긴 것처럼요.

점점 자라나는 지배력

유튜브나 인스타그램 릴스, 틱톡 등은 오늘날 우리가 가장 많이 쓰는 미디어이자 놀이 공간입니다. 마치 인터넷이나 스마트폰의 등장 이전에 사람들이 TV와 영화에 많은 시간을 썼던 것처럼 이제는 유튜브 등에서 인터넷 영상을 많이 보고 있습니다. 영상

미디어를 즐기는 수단이 TV나 극장에서 스마트폰으로 바뀐 셈입니다.

방송이나 영화 같은 미디어와 인터넷 모바일 미디어는 영상 콘텐츠를 즐긴다는 점에서는 같지만 몇 가지 차이가 있습니다. 스마트폰으로는 사람들이 영상을 보고 어떻게 반응하는지, 무엇을 좋아하고 많이 보는지 알 수 있고 이를 바탕으로 사람마다 다른 맞춤형 영상을 보여 줄 수 있습니다. 이는 다시 맞춤형 광고로 이어지죠. 반면 TV 같은 예전 미디어에서는 이렇게 하기가 어려워요. 사람들이 TV를 굉장히 많이 보기는 하지만, 실제로 사람들이 어떤 내용을 좋아하는지, 어떤 프로그램을 본 후엔 어떤 다른 프로그램으로 이동하는지, 프로그램에 등장한 'PPL(간접 광고)'가 얼마나 효과가 있는지 판단하기가 쉽지 않습니다. 소수의 시청자들을 대상으로 한 시청률 조사를 통해서 대략의 흐름만을 알 수 있는 정도입니다.

유튜브를 오래 볼수록, 구독하는 채널이 늘어나고 '좋아요'와 댓글 횟수가 늘어날수록 유튜브는 나에 대해 점점 더 많이 알게 되겠죠. 그리고 내가 좋아할 법한 영상들을 더 많이 추천해서 보여 줄 거예요. 그러면 이렇게 쌓인 정보로 나에 대해 더 정교한 디지털 광고와 마케팅이 가능해질 것이고, 점점 더 정확한 추천을 통해서 내가 유튜브에서 더 많은 시간을 보내도록 할 수도 있어요.

이런 문제들이 논란이 되어서 유튜브 측에서도 사용자가 자신이 접하게 될 정보를 스스로 조절할 수 있는 기능을 넣었습니다. 직접 유튜브의 알고리즘을 어느 정도 조정해 알고리즘이 자신에게 미치는 영향을 줄일 수 있게 하기 위한 것입니다.

일단 유튜브 모바일 앱의 설정에서 '시청 시간'을 확인해 보는 것만으로도 내가 유튜브 보는 데 얼마나 많은 시간을 쓰는지 바로 확인할 수 있어 '그만 좀 봐야겠다'라는 생각이 확 들 것입니다. 스마트폰에서 유튜브 앱을 열고 오른쪽 하단의 자기 계정 아이콘을 터치하고 들어가 '시청 시간' 항목을 확인하면 됩니다. 여기선 최근 7일간 하루 유튜브 시청 시간을 그래프로 볼 수 있습니다.

이 원고를 쓰며 확인해 보니 저는 최근 일주일 동안 총 16시간 2분, 하루 평균 2시간 17분 유튜브를 본 것으로 나오네요. 일주일 중 이틀치 수면 시간 만큼을 유튜브 시청에 쓴 셈입니다. 다이어트를 하려면 운동만 하지 말고 매일 체중계로 몸무게를 재면서 변화를 확인하라는 조언을 많이 하죠? 측정된 수치가 눈에 직접 보이면 목표를 달성하기가 훨씬 수월하다는 의미입니다. 유튜브 사용 습관을 조정하기 위해서도 얼마나 시간을 쓰고 있는지 눈으로 확인할 필요가 있는 것이죠.

시청 시간을 줄이기 위한 보조 기능을 활용할 수도 있습니다. '시청 시간' 페이지 하단에 '유튜브 시간 관리 도구'라는 항목이 있

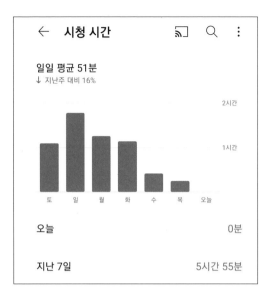

유튜브 '시청 시간' 페이지 예시

고, 여기에는 다시 '시청 중단 시간 알림'과 '취침 시간 알림'이라
는 항목이 있습니다. 원하는 시간만큼 '시청 중단 시간 알림'을 설
정해 두면, 그 시간이 지난 후 알림이 울리며 영상 재생이 중단되
고 하루 동안 시청한 시간도 알려 줍니다. '취침 시간 알림'을 설
정하면 정해진 시간에 저절로 앱이 꺼지기 때문에 잠자리에서 유
튜브를 보다 잠들어도 영상이 밤새도록 계속 재생되는 일을 막을
수 있답니다. '동영상 시청을 완료할 때까지 기다린 후 알림 표시'
를 선택하여 정해진 시간이 되어도 보고 있던 영상은 마친 후에
알림이 울리도록 할 수도 있습니다.

'모바일/태블릿에서 자동 재생' 설정을 꺼 놓는 것 역시 좋은 방법입니다. 기본적으로 유튜브는 한 영상이 끝나면 다음 추천 영상을 자동으로 재생합니다. 추천 영상은 사용자의 취향이나 행태 등을 바탕으로 좋아할 법한 콘텐츠를 골라 주는 것이기 때문에, 자칫 잘못하면 한없이 보게 될 수 있습니다. 이 '자동 재생' 설정을 끄면, 한 영상이 끝난 후 사용자가 직접 다음 영상을 선택해야 재생됩니다. 시청 시간을 조절하는 데 도움이 되겠죠.

또 유튜브에는 앱 사용 데이터 수집 방법을 사용자가 직접 조정할 수 있는 기능들이 있습니다. 역시 유튜브 앱의 오른쪽 하단 계정 프로필을 터치한 후 '설정'에 들어가 '기록 및 개인 정보 보호'를 선택합니다. 여기서 지금까지의 시청 기록과 검색 기록을 삭제할 수 있습니다. 그러면 유튜브가 늘 비슷한 영상들만 추천해 나의 시야를 좁게 하거나 내가 원하지 않는 영상들을 지나치게 많이 추천하는 것을 어느 정도 막을 수 있죠. '기록 및 개인 정보 보호' 항목에서 '시청 기록 일시중지'와 '검색 기록 일시 중지'를 설정해 이 같은 기록이 아예 쌓이지 않도록 할 수도 있습니다. 이 외에도 각 영상에서 '싫어요'나 '채널 추천 안 함' 등의 버튼을 활용하는 것도 사용자가 원하는 바와 원하지 않는 바를 유튜브에 가르치는 방법입니다.

하지만 이렇게 사용자가 의사를 표시해도 추천이 개선되는 효과는 미미하다는 조사 결과도 있습니다. 파이어폭스라는 웹 브라우저로 유명한 모질라재단에서 2021~2022년 실제 유튜브 사용자 2만 2,000여 명의 피드를 분석했더니, '싫어요' 버튼을 누르는 등 적극적으로 거부 의사를 드러낸 영상과 비슷한 영상들이 곧 다시 추천된다는 사실이 드러났습니다. 그나마 효과가 있는 방법은 '채널 추천 안 함'이나 '시청 기록 삭제'였습니다. 각각 43퍼센트와 29퍼센트의 비율로 원하지 않는 종류의 영상이 다시 추천되지 않은 것으로 나타났습니다. 그래도 어떤 방법을 쓰건, 절반 이상의 경우에 내가 원하지 않는 영상이 다시 추천된다는 의미입니다.

틱톡을 둘러싼 국제적 갈등

틱톡은 요즘 또 다른 면에서 문제가 되고 있기도 합니다. 바로 미국과 중국의 기술 패권 경쟁에 끼여 곤란한 입장이 된 것입니다. 앞에서 언급했듯 틱톡을 운영하는 것은 바이트댄스라는 중국 회사입니다. 중국에서는 더우인抖音이라는 이름으로, 해외 시장에서는 틱톡TikTok이라는 이름으로 나뉘어 운영됩니다.

틱톡은 중국의 모바일 서비스 중 처음으로 세계 시장에서 큰 성공을 거둔 사례이기도 합니다. 물론 중국에도 사용자가 굉장히 많고 수익성도 좋은 인터넷 기업이 많이 있습니다. 하지만 이는 워낙 중국의 인구가 많고 내수 시장도 커서 중국 안에서만 인기를 끌어도 충분히 세계적 규모의 대기업이 될 수 있기 때문입니다.

중국에서 가장 널리 쓰이는 모바일 메신저 위챗WeChat은 우리나라 카카오톡보다 늦게 출시되어 처음에는 카카오톡의 기능이나 디자인, 사업 모델 등을 많이 참고했지만, 지금은 카카오톡보다 훨씬 큰 사업이 되었습니다. 카카오톡 사용자가 대략 5,000만 명 정도라면, 위챗 사용자는 12억 명이 넘습니다. 한국 1등과 중국 1등의 차이죠. 하지만 위챗은 중국 밖에서는 화교 등 중국계 현지인들 외에는 거의 쓰지 않습니다. 해외에서 카카오톡을 쓰는 사람들이 교포나 유학생, 현지 주재원 등 주로 한국계인 것과 마찬가지입니다.

이런 가운데 틱톡이 미국에서 가장 인기 있는 앱이 된 것입니다. 특히 청소년들 사이에서 인기가 높습니다. 현재 틱톡은 사용자가 세계적으로 11억 명에 이르고, 미국에서만 누적 2억 번 이상 다운로드되었습니다. 2020년과 2021년 두 해 연속 세계에서 가장 많이 다운로드된 앱이기도 하죠. 특히 미국은 틱톡 사용자가 가장 많은 나라입니다.

이는 세계 패권을 놓고 중국과 경쟁하는 미국 입장에서 적잖이 불편한 일이었습니다. 2020년을 전후해 틱톡이 인기를 끌기 시작하자 미국에서는 여러 의원이 "틱톡이 국가 안보를 해칠 가능성이 있다"라고 우려를 드러냈고, 미국 육군에서는 군인들에게 틱톡 사용을 금지하기도 했습니다. 기업 중에서도 직원들에게 틱톡 앱을 깔지 못하게 하는 곳들이 생겼죠. 트럼프 대통령 시절 미국의 강한 압박으로, 결국 틱톡은 중국 서비스와 해외 서비스를 분리했습니다. 그중 미국 사업은 심지어 미국 기업에 매각하라고 압력을 가하기도 했습니다.

너무 예민하게 구는 것은 아닐까요? 인터넷의 근거지라 자부하는 미국에서 중국 앱이 큰 인기를 끄니 심통이 난 것일까요? 그럴지도 모르겠습니다. 특히 미국 정부 인사나 의원들이 틱톡의 실제 문제 사례는 거론하지 않고, 막연한 우려나 비판만 제기하는 경우가 대부분이었기 때문에 더욱 그렇습니다.

하지만 틱톡에 대한 우려가 전혀 근거 없다고만 할 수도 없습니다. 미국 내 수천만 틱톡 사용자의 개인 정보나 디지털 데이터가 중국 회사의 손에 들어가는 셈이니까요. 온라인 서비스나 모바일 앱의 운영사 중에는 개인 정보를 제대로 처리하지 않아 외부로 유출되거나 악용될 가능성이 높은 곳들이 많습니다. 개인 정보 보호를 위해 각 나라들은 나름의 규칙과 규제 방침을 갖고 있고, 기업들 역시 어느 정도 규모가 되면 이런 문제들을 신경 써서 보강하기 마련입니다. 개인 정보 유출 사고가 생기면 신뢰도에 큰 흠집이 생기기 때문입니다.

그런데 중국 인터넷 기업들에는 한 가지 공통적인 문제가

더보기

있습니다. 정부가 요구할 경우 인터넷 기업이 사용자 정보를 제출해야 한다는 법률이 있다는 것입니다. 보통 민주주의 국가에서는 판사의 영장이나 특별한 절차가 있어야만 수사기관이 사용자 정보를 얻을 수 있습니다. 사용자의 프라이버시를 보호하기 위해서입니다. 외국 수사기관에서 수사를 위해 페이스북이나 트위터에 사용자 정보를 요청해도 이들 기업은 거의 정보를 알려 주지 않습니다.

우리나라도 과거에는 인터넷 기업이 수사기관에 사용자 정보를 순순히 넘기는 것이 관행이었습니다. 하지만 2014년 경찰이 카카오톡에 사용자 정보를 수시로 요청해 국민들을 사찰한다는 의혹이 나와 문제가 된 후로 카카오나 네이버도 영장 없이는 사용자 정보를 수사기관에 넘기지 않습니다.

그런데 중국에서는 정부와 공산당이 민간 경제를 강력히 통제하고, 이는 인터넷 산업에 대해서 역시 마찬가지입니다. 기업이 거의 정부의 손아귀에 있다 해도 과언이 아닙니다. 중국 인터넷 기업은 정부가 원하는 사용자 정보를 제공해야 할 의무가 있고, 정부가 요구하는 대로 어떤 이슈나 사안, 인물을 검열해 검색이 안 되게 하거나 계정을 정지하기도 합니다. 이는 해외 틱톡 사용자들의 개인 정보가 언제든 중국 정부에 넘어가 이용될 수 있다는 이야기입니다.

틱톡 측은 이에 대해 중국 내 더우인과 글로벌 시장의 틱톡이 서로 분리되어 운영 중이고 사용자 정보도 나뉘어 있어, 중국에서 일하는 직원들이 해외 사용자의 정보에 접근할 수는 없다고 해명합니다. 하지만 현실적으로, 본사가 중국에 있는데 해외 사업에 영향이 미치지 않을 것으로 보기는 어렵다는 의견도 강합니다. 실제로 중국 측 직원이 해외 틱톡 사용자의 정보에 접근했다는 내부자의 증언이 언론을 통해 공개되기도 했습니다.

그래서 미국은 2022년 말 연방 정부 기관 소유의 스마트 기기에 틱톡을 설치해 사용하는 것을 금지하는 법을 만들기도 했습니다. 또 켄터키, 위스콘신, 노스캐롤라이나, 오하이오, 뉴저지 등 여러 주의 정부도 공무원들의 틱톡 사용을 금지하거나 일부 제약을 두고 있습니다.

즐거움을 위해 가볍게 사용하는 틱톡 같은 앱도 때로는 국제정치적 갈등의 원인이 된다는 점이 흥미롭습니다. 디지털 기술로 묶인 세상 속에서 우리가 남긴 흔적 데이터가 그만큼 중요한 의미를 갖기 때문이겠죠.

10장

롤 하다
정신 차려 보니
수능 날?

아마 청소년 여러분이 부모님과 가장 많이 싸우는 문제 중 하나가 바로 게임일 것입니다. 게임이 재미있어서 더 많이, 자주 하고 싶은 자녀와 어떻게든 게임 시간을 줄이고 싶어 하는 부모님이 아웅다웅하는 일을 많은 가정에서 흔히 볼 수 있습니다.

PC방은 청소년들이 가장 즐겨 찾는 놀이 공간 중 하나입니다. 친구들과 팀을 이뤄 PC방에서 〈리그 오브 레전드〉나 〈FIFA 온라인〉 같은 게임을 하다 보면 시간이 후딱 갑니다. 티어가 어디인지, 승급전 결과는 어떤지, 누가 민폐 플레이어고 '트롤'인지 등은 친구들 사이 대화의 중요한 주제가 됩니다. 게임 중 분위기가 과열되면 서로 험한 욕을 주고받기도 하죠.

스마트폰이 널리 보급되면서 게임은 우리 일상에 더 깊숙이 파고들었습니다. 이제는 집에서 잠들기 전에도, 학교나 학원 쉬는 시간에도 틈틈이 스마트폰으로 〈배틀그라운드〉나 〈브롤 스타즈〉 같은 게임을 할 수 있습니다. 귀여운 쿠키들이 끝없이 달리는 〈쿠키런〉을 하거나, 〈카트라이더〉에서 드리프트를 할 수도 있습니다. 〈캔디 크러시 사가〉나 〈노노그램〉 같은 퍼즐 게임을 하며 시간을 보낼 수도 있습니다. 이러다 보니 거의 하루 종일 게임만 하며 지내는 친구들도 있게 마련입니다. 부모님은 속이 터지죠.

하지만 옛날에도 사람들은 게임에 시간을 쏟곤 했습니다. 스마트폰이 나오기 전 우리는 PC방에서 훨씬 많은 시간을 보냈습니다. PC방에서 며칠간 먹지도 자지도 않고 게임만 하다 그만 세상을 떠나는 사람들 이야기가 언론에 보도되기도 했습니다. 또 그보다 더 전에는 오락실에서 게임에 매달리는 사람들도 있었습니다(요즘은 아케이드 게임기를 설치해 둔 오락실을 찾아보기 힘들죠). 외국에는 플레이스테이션이나 엑스박스 등으로 콘솔 게임을 즐기는 사람들이 많은데, 역시 집에 틀어박혀 오랜 시간 게임을 하는 사람들이 적지 않게 있답니다.

90년대 오락실을 재현한 공간

더 거슬러 올라가면, 세계 최초의 비디오게임이라 할 수 있는 〈퐁Pong〉도 굉장한 인기를 끌었습니다. 퐁은 화면 양 끝에 있는 긴 막대 모양의 채를 위아래로 움직이며 공을 서로 주고받는, 아주 단순한 탁구 게임입니다. 요즘 기준으로 보면 말도 안 되게 단순

하죠. 1972년 처음 나왔을 때는 이 게임만 실행할 수 있는 전용 오락기로 출시되었는데 마치 미국 영화 속 식당이나 술집에 있는 핀볼 머신 같은 형태였습니다. 당시 이 게임은 인기가 너무 많아서, 동전이 너무 많이 투입되어 고장 나는 기계가 속출할 정도였습니다.

게임은 무엇이고, 왜 재미있을까?

그렇다면, 게임은 도대체 왜 재미있는 것일까요? 게임은 무엇이길래 이렇게 우리의 마음을 사로잡는 것일까요? 게임은, 거칠게 표현하자면 '재미를 목적으로 일정한 규칙 안에서 성과를 달성해 가는 일' 정도로 설명할 수 있습니다. 게임은 대개 지켜야 하는 규칙 내지는 플레이를 제약하는 조건이 있고, 노력과 기술, 전략으로 이 한계를 극복해 설정된 목표를 달성하고 보상을 얻는 과정입니다. 도전과 극복, 보상의 단계를 비교적 짧은 시간 안에 뚜렷하게 느낄 수 있습니다.

사실 도전과 극복, 성취와 보상은 사람들이 가장 큰 기쁨을 느끼는 일들입니다. 힘든 시간을 견디며 달리기를 하는 이유는 격렬한 운동을 마친 후에 느낄 수 있는 쾌감이 있기 때문입니다. 수

험생이 자고 싶은 유혹을 이기고 공부에 몰두하는 것도 원하는 대학에 합격한다는 기쁨을 얻을 수 있기 때문입니다.

그런데 이런 노력은 대개 힘들고, 성취를 얻기까지 시간이 오래 걸립니다. 자신이 나아지고 있는지 알기도 어렵습니다. 달리기 훈련을 쉼 없이 해야 마라톤을 뛸 수 있고, 피아노를 수년간 연습해야 무대에 올라 박수를 받을 수 있습니다. 입시 공부 역시 적어도 고등학교 3년은 열심히 해야 좋은 결과가 나오죠.

반면 게임은 피드백이 빠릅니다. 나의 플레이에 따라 아이템을 얻거나 이번 스테이지 보스를 깰 수 있죠. 규칙과 제약을 이해하며 플레이하는 법을 배워 보상을 얻을 수 있고, 보상에 자극을 받아 더 열심히 플레이하게 되면서 실력도 더 좋아집니다. 이는 다시 긍정적 성과로 이어지며 더더욱 큰 성취감을 맛보게 해 줍니다. 게임은 복잡한 세상을 보다 단순한 패턴으로 표현하고, 그 안에서 노력을 통해 성취를 이루고 보상을 얻는 과정인 것입니다.

게임 안에서 플레이어는 자신의 의지대로 움직이며 활동할 수 있습니다. 이 모든 일은 안전한 게임 안에서 일어납니다. 게임에서 내 캐릭터가 죽어도 게임을 하는 나에게는 아무 일도 일어나지 않습니다. 안전한 환경에서 실제 생활에 필요한 여러 능력을 재미있게 미리 학습하고 훈련하는 과정, 이렇게 표현하면 떠오르는 것이 있나요? 그렇습니다. 바로 놀이입니다.

게임은 훌륭한 놀이이고, 그래서 우리는 게임을 좋아할 수밖에 없습니다. 장기는 건전하고, 스타크래프트는 위험할까요? 술래잡기는 바람직하고, 배틀그라운드는 해로울까요? 장기와 스타크래프트는 모두 전쟁을 모티브로 자원을 배분하고 공격과 수비의 움직임을 겨룹니다. 술래잡기와 배틀그라운드는 제한된 영역 안에서 쫓고 쫓기며 상대를 제압하는 것이 목표입니다. 본질적으로 같은 놀이입니다.

놀이는 사람의 성장과 발달, 휴식에 중요한 역할을 합니다. 게임이라는 놀이는 시청각적 자극에 대한 처리, 자극에 대처해 몸을 움직이는 순발력, 순간적 판단력, 전략적 사고력 등의 능력이 골고루 필요한 활동입니다. 이는 결코 단순한 작업이 아니며, 여러 신체적·정신적 능력을 기르는 훈련이 될 수 있습니다.

게임이 놀이라는 (어찌 보면 당연한) 사실을 받아들이면 게임에 대한 많은 문제가 해결됩니다. 놀이는 성장기의 어린이나 청소년에게 꼭 필요합니다. 다만 놀이가 삶의 전부가 될 수는 없습니다. 놀이를 하는 시간이 있다면, 공부하고 일하는 시간도 있어야 합니다. 놀이가 얼마나 필요하고, 언제 일과 공부에 더 신경 써야 하는지는 사람마다 다릅니다.

지금 어떤 학생이 게임을 많이 하는지 조금 하는지, 게임 습관이 건전한지 아닌지 무 자르듯 판단하기는 어렵습니다. 스스로 생각해 볼 수밖에 없는 것이죠. 지금이 놀이나 휴식이 필요한 때인지, 혹은 다른 중요한 일이나 목표를 위해 마음을 다잡을 때인지는 본인이 가장 잘 알고, 결정해야 할 사람도 바로 자신입니다.

다만 한 가지 생각할 것은, 비디오게임이 스토리나 상호작용 등 여러 재미 요소의 측면에서 과거의 다른 게임에 비해 훨씬 스케일이 크고 빠져들기 쉽다는 점입니다. 여러 자극과 피드백을 곳곳에 넣어 두어, 게임을 하다 적당한 때 털고 일어나기 힘들 수도 있습니다. 게임 속에서 랜덤 아이템 박스를 열거나 '강화'를 시도할 때의 짜릿한 긴장감은 도박을 연상시키기도 하죠. 게임이 가진 특징을 잘 이해한다면, 게임을 보다 잘 다룰 수 있습니다.

덧붙여, 그래도 게임만 하는 것보다는 운동도 하고, 밖에 나가 다른 활동도 하는 것이 건강에 더 도움이 될 것입니다. 모든 여가 시간을 다 게임에 쏟지는 말자는 이야기죠.

게임은 마약과 같다?

게임 중독이라는 말을 많이 들어 보았을 것입니다. 중독이란, 강력한 자극을 일으키는 물질에 의존하게 되어 그 물질을 끊지 못하고 거듭 이용하며 신체적·정신적 건강을 해치는 상태를 말합니다. 술이나 담배, 마약 등이 중독을 일으키는 대표적 물질이라 하겠습니다. 이런 물질은 뇌 신경계에 보상을 주지만, 비슷한 만족을 얻으려면 점점 더 사용량을 늘려야 하고 그 과정에서 몸에는 더 안 좋은 영향을 줍니다. 그러면서도 이런 물질 없이는 견디지 못하는 상태가 되니 정말 괴롭습니다. 술과 담배, 특히 마약을 절대적으로 조심해야 하는 이유죠.

술, 담배, 마약 같은 물질은 뇌 신경계에 미치는 영향이 규명되어 있습니다. 하지만 이렇게 특정한 물질에 노출되지 않은 경우에도 마치 중독된 듯이 특정 행동에 집착하게 될 때가 있습니다. 주로 만족과 보상 등에 관여하는 도파민이라는 호르몬 때문입니다. 이를테면, 운동을 하면 몸은 힘들면서도 뇌에서 도파민이 분비되며 만족감을 안겨 줍니다. 이는 다시 운동을 꾸준히 하게 되는 원동력이 됩니다. 사실 도파민은 일상에서 기분 좋은 일을 겪으면 분비되는, 특별할 것 없는 물질입니다. 하지만 도파민이 과도하게 분비되는 상황에 노출되면 중독 문제를 겪게 될 수 있는 것이죠.

그렇다면 실제로 게임에도 중독될 수 있을까요? 게임이 실제 마약성 물질과 같이 뇌를 손상시킬 수 있다는 주장도 있습니다. 이것이 사실이라면 게임을 즉각 금지하거나 엄격하게 관리해야 겠죠. 하지만 실제 중독과 행동장애는 구분할 필요가 있습니다.

살면서 겪게 되는 특정 시기의 어려움이나 일탈을 모두 질병으로 규정할 필요는 없다는 이야기입니다.

일단 게임이 직접적으로 뇌에 영향을 미쳐 중독을 일으킨다는 것은 지나치게 단순화된 주장입니다. 게임 관련 문제가 있는 사람들은 보통 가정이나 학교 등에서 겪는 다른 문제가 발단이 되어 게임 이용 습관으로 드러나는 경우가 많습니다. 현실에서 친구 관계에 어려움을 겪다가 온라인에서 친구를 발견했기 때문일 수도 있고, 가정에서 억눌린 마음을 풀 수 있는 곳이 게임 속밖에 없기 때문일 수도 있습니다.

게임이 주는 재미와 보상이 도파민 분비를 조절해 뇌에 영향을 줄 수 있다는 것은 사실입니다. 하지만 이는 다른 모든 활동도 마찬가지입니다. 페이스북에서 얻는 '좋아요'도, 인터넷 게시글에 달린 댓글도 모두 나에게 보상을 주고 뇌에 영향을 미칠 수 있습니다. 운동도, 쇼핑도 마찬가지입니다. 사람의 뇌는 지극히 복잡해서 어떤 하나의 행동이나 습관이 뇌나 신경, 행동을 좌우하지는 못합니다. 게임이나 소셜 미디어 이용을 뇌와 연결해 연구하고 생각하는 것은 그것들을 백해무익한 것으로 규정하기 위해서가 아니라, 우리의 생각과 행동이 무엇에 어떤 방식으로 영향을 받는지 이해함으로써 우리 스스로에 대해 더 잘 알기 위함입니다.

4부

악인은
어디에나 있어

여러분이 학생이라면 지금 같은 반 친구들을 생각해 보세요. 아니면 동아리 멤버들이라도 좋습니다. 아마 그들 중 몇 명과는 친하게 지내고, 다른 사람들과는 거리감을 좀 느낄 것입니다. 그리고 어쩌면 사이가 좋지 않은 사람도 몇 명 있을지 몰라요. 반 친구들 대부분은 착하고 별문제를 일으키지 않는 아이들일 것입니다. 반면 다른 친구를 괴롭히거나 짓궂은 장난을 하는 사람도 몇 명 정도 있을 수 있습니다. 누군가는 같은 반의 다른 친구에 대해 안 좋은 소문을 퍼뜨리거나, 심지어 왕따를 만들며 집단 괴롭힘을 가할지도 모릅니다.

사람 사는 곳이라면 어디서나 비슷한 일이 일어나게 마련입니다. 어른들이 모인 회사나 직장, 조직 역시 마찬가지입니다. 모든 사람과 친하게 지낼 수는 없죠. 대부분과는 데면데면한 사이로 지내게 되고, 사이가 안 좋은 사람도 있습니다. 착한 사람이 있는가 하면 다른 사람에게 해를 끼치는 사람도 있고요. 친구와 좋은 관계를 맺는 것도 중요하지만, 다른 사람이 나를 해하거나 이용하지 못하게 하는 것도 중요합니다.

이는 온라인 세상, 디지털 세상에서도 마찬가지입니다. 온라인 세상에도 우호적인 친구가 있는 반면 나쁜 사람, 나를 이용하려는 사람도 있습니다. 하지만 온라인 세상에서는 조금 더 조심할 필요가 있습니다. 전 세계 어디서나 누구와도 쉽게 대화할 수 있다 보니 정말 세계 각지의 사기꾼과 악인이 여러분을 찾아 접촉할 수 있습니다. 심지어 실제로 피해를 입더라도 가해자가 먼 외국에 사는 사람이라면 그를 찾아내거나 피해를 보상받기가 어려울 수 있습니다. 한번 디지털 데이터 형태로 나의 개인 정보나 사진, 영상 등이 퍼지면 이를 인터넷에서 다 찾아 없애는 것은 거의 불가능합니다.

또 직접 얼굴을 맞대지 않고 온라인에서 활동하다 보면 자신도 모르게, 실제 사람 앞에서는 하지 않을 일이나 말을 더 과감히 해 버리게 되는 경향도 있죠. 이는 디지털 기술을 통해 시공간을 뛰어넘어 같은 관심사를 가진 친구를 쉽게 만날 수 있고, 평소의 자신과는 또 다른 모습을 표현하며 살 수 있다는 온라인 세상의 장점에 동전의 양면처럼 함께하는 단점이기도 합니다.

현대를 사는 우리가 당장 스마트폰과 인터넷을 떠나서 살 수는 없습니다. 그러니 디지털 기술을 적절히 누리면서도 위험은 최소로 줄여야 합니다. 그러려면 어떻게 해야 할까요? 사실 온라인 세상에서 안전하게 지내는 법 역시 현실 세상에서 안전하게 지내는 법과 본질적으로 비슷합니다. 어렸을 때 유치원에서 배웠던 것을 한번 생각해 보세요. 낯선 어른이 와서 '귀여운 강아지 보여 줄까?', '사탕 사 줄까?', '엄마 친구인데, 너 데리고 오래.'라며 말을 건다면 어떻게 대처하라고 했던가요? 맞습니다. 절대 따라가서는 안 되고, 바로 부모님이나 선생님에게 가서 알려야 하죠. 귀여운 강아지를 보여 주거나 사탕을 사 주는 등의 호의를 아무런 이유 없이 베푸는 사람은 없습니다. 다른 사람의 미심쩍은 말에 휘둘려서는 안 됩니다.

화면 너머에서 나를 노리는 이들이 보내오는 각양각색 사기 문자

인터넷에서 낯선 사람이 말을 걸면 대답하지 마세요. 카카오톡 오픈 채팅이나 페이스북 메신저, 인스타그램 DM 등으로 미심쩍은 메시지를 받는 경우가 있을 것입니다. 외국어나 어색한 한국말로 '친구가 되고 싶다'거나 '도움이 필요하다'며 보내오는 메시지는 무시하세요. 알 수 없는 링크도 마찬가지입니다. 문자 메시지 등으로 오는, 출처가 불명확한 링크는 클릭하지 않는 것이 좋습니다. 택배 배송 정보나 모바일 선물 안내처럼 속기 쉬운 메시지를 가장

하는 경우가 많으니 더 주의를 기울여야겠죠. 그리고 혹시라도 이런 일을 당하면 바로 부모님이나 선생님, 상담 기관 등을 찾아 이야기해야 합니다.

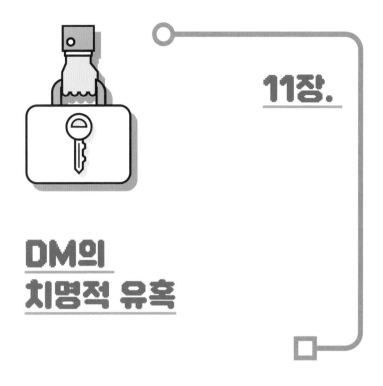

DM의
치명적 유혹

혹시 킴 카스트로^{Kim Castro}라는 사람을 아시나요? 미군 군복을 입은 프로필 사진을 걸어 놓고 페이스북이나 인스타그램에서 무차별적으로 친구 신청을 하는 한국계 미국인 여성으로 유명합니다. 아마 여러분도 한 번쯤은 이 사람에게 친구 신청이나 메시지를 받았을 수 있습니다. 독특한 직업과 멋진 외모의 교포가 친구 신청을 하면 일단 궁금해서라도 관심이 가게 마련입니다. 프로필을 보면 군복을 입고 일하는 모습이 담긴 사진도 있고, 약간의 노출이 있는 멋진 옷을 입고 친구와 어울리는 사진도 있습니다.

이렇게 친구가 되어서 대화를 이어 가며 친분을 쌓다가 어느새 '한국에 가서 당분간 지내려 한다, 집을 계약해야 하는데 돈을 빌려 달라'거나 '파병 근무 중 다쳤는데 수술비가 필요하다'는 등의 요청을 해 옵니다. 그간의 친분 때문에 의심 없이 돈을 건네주면 그대로 사기의 피해자가 되는 것이죠. 사실 이 계정의 주인은 나이지리아 등에 근거지를 둔 온라인 사기 조직입니다. 2021년 우리나라 경찰이 국내에서 활동하며 사기로 뜯은 자금을 관리하는 등의 역할을 한 외국인 네 명을 체포하기도 했습니다.

이들은 미국 항공우주국NASA 직원이나 외국계 변호사 등으로도 사칭하고, 카카오톡 아이디를 알려 주거나 일상생활 사진을 전송하는 등의 방식으로 신뢰를 쌓았다고 합니다. 이렇게 온라인 애인 행세를 하며 돈을 뜯어내는 수법을 '로맨스 스캠romance scam'이라고 합니다. 영어로 스캠은 '사기'라는 뜻이죠. 이들은 페이스북이나 인스타그램 사용자 중 그럴듯한 사람의 신원과 사진을 훔쳐 자기가 그 사람이라고 사칭하기도 합니다.

사기 피해를 막기 위해서는

우리나라에서는 모르는 사람이 없을 정도로 유명해진 킴 카

악인은 어디에나 있어

스트로는 알고 보니 정말로 미군으로 복무하는 한국계 미국인 여성이었습니다. 성실한 직장인이자 훌륭한 군인인데 소셜 미디어에 올린 사진들을 도용당해 난데없이 온라인 사기꾼의 대명사로 오해를 받은 것이죠. 그는 자기 사진이 로맨스 스캠에 악용되고 있다는 사실을 알게 되고 소셜 미디어 계정에서 사진을 대부분 삭제했다고 합니다.

이 사건에서 우리는 두 가지 교훈을 얻을 수 있습니다. 하나는 뜬금없는 온라인 대화나 친구 요청을 조심하라는 것입니다. 악의를 품은 이들은 대개 멋진 외모나 그럴듯한 직업을 내세워 접근합니다. 제복을 입은 모습은 아무래도 신뢰감을 주죠. 아니면 큰 돈을 쉽게 벌 수 있는 기회가 있다며 유혹하기도 합니다. 하지만, 그런 사람이라면 왜 굳이 온라인상에서 우리에게 말을 걸까요?

사실 인터넷에서 '돈'과 '성⚤'만 조심해도 상당히 많은 위험을 덜 수 있습니다. 랜덤 채팅 등에서 만난 사람과 성적인 호기심으로 대화를 이어 가던 중 '신체 부위를 사진 찍어 보내 달라', '알몸 사진을 보내 달라'는 말에 속아 사진을 보냈다가, 그 사진을 가족과 친구들에게 유포하겠다는 협박을 받는 '몸캠 피싱' 사건도 심심치 않게 일어납니다. 또 '최신형 아이폰을 선물로 준다'거나 '하루 30분만 투자해 월 500만 원 고수익'처럼 경제적 이득을 미끼로 하는 사기도 많습니다. 명심하세요. 누군가와 아무 이유 없이

163

사귀려는 사람은 없고, 쉽게 돈 버는 법을 남에게 알려 줄 사람도 없습니다!

또 하나는 온라인 공간에 무분별하게 올려놓은 내 사진과 정보가 나쁜 사람들에게 악용될 수 있다는 것입니다. 페이스북이나 인스타그램에 올리는 사진과 상태 메시지 등을 통해 우리의 직업, 주소, 자주 가는 곳, 가족과 친구 등을 파악할 수 있습니다. 휴대폰으로 찍은 사진에는 대개 촬영된 위치와 시간 등의 정보가 자동으로 저장되기 때문에, 사진만으로 내가 지금 있는 곳이나 집의 정확한 위치가 알려질 수도 있습니다. 스마트폰의 설정에 들어가서 사진을 찍을 때 위치 정보가 포함되지 않도록 설정해 두는 것을 추천합니다.

사실 로맨스 스캠 같은 것은 어떻게 보면 상대적으로 덜 심각한 위험이라고 할 수 있습니다. 특히 청소년이라면 낯선 사람에게 줄 돈이 없어서라도 이런 사기의 피해자가 될 일은 거의 없을 것입니다. 하지만 그렇다고 해도 온라인 공간에서 청소년이 더 안전하다고 할 수는 없습니다. 호기심에 참여한 카카오톡 오픈 채팅방이나 소셜 미디어, 랜덤 채팅 등에서 각종 사기 범죄의 위협은 호시탐탐 여러분을 노리고 있습니다.

세상을 충격에 빠뜨린 2020년 'n번방 성착취물 사건'도 익명 계정으로 주로 활동이 이루어지는 트위터에서 피해자가 많이 나왔습니다. 이 사건은 미성년자에게 성적인 내용의 영상을 찍도록 강요하고, 그러한 영상을 메신저 텔레그램의 비공개 대화방에서 불특정 다수의 사람들이 지속적으로 공유한 사건입니다. n번방 입장 초대권이나 특정한 영상을 유료로 판매하기도 했습니다. 말 그대로 피해자들을 성적 노예로 부린 흉악한 범죄였습니다. 범인들은 피해자들의 트위터 계정을 해킹해 휴대폰 번호나 이메일 주소를 파악하고, 이를 바탕으로 실제 신상을 확인하는 방법을 썼습니다.

그들의 교묘한 수법

그런데 어떻게 남에게 이런 영상을 찍도록 할 수 있었을까요? 트위터는 익명 활동을 허용하는 데다가 외국 회사라 우리나라 행정의 손길이 닿기 어렵다 보니, 그 안에서 여러 가지 음성적인 행위가 암암리에 이뤄지기도 합니다. 그중에는 얼굴이나 신상을 드러내지 않고 노출이 심한 신체 사진을 찍어 올리는 일도 있습니다. 일탈 행동을 하는 계정이라 해서 '일탈계'라고 흔히 부릅니다. 특히 한창 호기심이 많을 시기인 청소년들이 빠져드는 경우가 가장 위험합니다.

범인들은 특히 이런 일탈계들을 노렸습니다. 다이렉트 메시지DM로 피싱을 하는 방법이 많이 쓰였죠. DM에 포함된 링크를 누르면 실제 트위터 로그인 페이지와 똑같은 화면이 나와 아이디와 패스워드를 입력하게 하는 식입니다. '당신 사진이 다른 곳에서 도용되고 있다'며 마치 그 사이트 주소인 것처럼 링크를 보내 피해자를 유인하기도 했습니다. 이렇게 해서 계정 정보를 알게 되면, 이후 경찰을 가장해 '음란물 유포 혐의로 조사하겠다. 주민등록번호와 주소를 적어라', '가족이나 친구에게 알려지지 않으려면 순순히 협조해라' 하는 식으로 협박해 피해자를 옭아맸습니다. 그러고는 자신들이 요구하는 영상을 찍어 보내게 한 것이죠.

애초에 악인과 접촉할 기회 자체를 만들지 않는 것이 가장 좋은 방법입니다. 하지만 세상을 살다 보면 좋지 않은 의도를 가진 사람을 만나는 일을 완전히 피할 수는 없습니다. 경찰 통계에 따르면, 디지털 성범죄의 피해자는 대부분 인터넷을 통해 가해자와 알게 됩니다. 디지털 기술을 이용해 음란물을 주고받거나 성착취물을 만드는 범죄의 피해자 10명 중 8~9명은 인터넷 채팅에서 만난 사람에게 그런 일을 당했습니다. 이는 대부분 주변의 아는 사람에 의해 자행되는 오프라인 성범죄와 다른 점입니다. 여성가족부의 발표에 따르면 2021년 아동·청소년 대상 성범죄의 총 피해자 수는 전년에 비해 3.1퍼센트 증가했는데, 그중 특히 디지털 성

악인은 어디에나 있어

범죄 피해자 수는 무려 101.2퍼센트 늘어서 두 배 이상이 되었습니다. 채팅 앱과 소셜 미디어가 범죄의 주요 경로가 된 거죠.

악인에게서 스스로를 보호할 방법은 낯선 사람이 온라인 메시지를 통해 말을 걸 때 경계하고, 믿을 수 없는 링크는 웬만하면 누르지 않는 것입니다. 웹 사이트에서 자기 계정과 패스워드, 전화번호와 이메일을 입력해야 할 일이 있을 때는 극도로 조심하고, 꼭 필요한 경우가 아니면 제공하지 않는 것이 좋습니다. 또 사이트에 접속했을 때 어떤 프로그램을 깔라고 요구하거나, 알림을 허용하라거나 하는 요청도 가능한 한 무시하는 편이 안전합니다. 청소년들이 늘 용돈이 아쉬운 상태라는 것은 잘 알지만, 기프티콘이나 문화상품권 등을 미끼로 개인 정보를 달라고 하거나 앱을 깔라고 하는 경우에도 주의해야 합니다.

요즘은 링크만 눌러도 스마트폰과 PC의 데이터를 빼내 가거나 자동으로 결제가 되게 하는 악성코드도 적잖게 있습니다. 심지어 세계 최대 인터넷 기업인 아마존을 창업한 제프 베이조스 같은 사람도 피싱 메시지의 피해자가 되곤 합니다. 베이조스는 2018년 5월 사우디아라비아의 무함마드 빈 살만 왕세자에게 왓츠앱 메신저로 수상한 링크를 받았는데, 이후 상당한 분량의 데이터가 어딘가로 빠져나갔다고 합니다. 사우디아라비아는 이런 주장을 인정하지 않고 있고, 베이조스의 휴대폰에 있던 데이터가

빈 살만과 베이조스

해킹된 후 어떤 식으로 쓰였는지도 알기 어렵습니다.

하지만 석연치 않은 점은 많습니다. 베이조스가 소유한 미국의 유명 언론 워싱턴포스트에 사우디아라비아 출신 언론인 자말 카슈끄지가 고국의 왕정 체제를 비판하는 칼럼을 싣자, 2018년 10월 사우디아라비아 왕가가 그를 암살하기도 했습니다. 또 베이조스는 2019년 외도를 하던 여성과 주고받은 문자 메시지가 한 언론에 보도되어 곤욕을 치렀는데, 이 역시 2018년 해킹으로 유출된 정보가 언론사로 흘러간 것으로 보입니다.

물론 우리는 베이조스처럼 큰돈과 강한 영향력을 갖고 있지는 않습니다. 하지만 누구든 똑같이 자기 삶이 소중합니다. 오늘

악인은 어디에나 있어

날 그 소중한 삶의 흔적들이 상당 부분 스마트폰과 인터넷에 담겨 있는데요. 이를 온라인 세상에 있는 악인들의 먹잇감이 되게 내버려 두지 마세요. 약간의 주의만 기울여도 위험을 크게 줄일 수 있답니다.

12장.

메타버스는
신세계일까?

　요즘 청소년들은 태어나서부터 스마트폰을 손에 쥐고 자라온 '모바일 네이티브' 세대라고 할 수 있습니다. 지금 세상에는 컴퓨터 없이 주판을 놓으며 일하던 할아버지 할머니 세대부터 성인이 되어서야 컴퓨터를 처음 접한 중년 세대, 어렸을 때부터 컴퓨터로 숙제를 하고 인터넷 게임을 하던 청년 세대, 스마트폰을 손에서 놓지 않고 끊임없이 셀카를 찍는 청소년 세대, 유아차에서 부모가 쥐여 준 스마트폰으로 유튜브를 보는 어린아이가 공존하고 있습니다.

1980년대만 해도 유선전화기가 귀해서, 집에 전화를 놓겠다고 전화국에 신청하면 몇 달 또는 몇 년씩 기다려야 했다는 것을 아시나요? 그런데 요즘 어린이들은 선이 달린 전화기가 존재한다는 것을 알지 못할 정도입니다. 마을에 유일하게 전화기가 있던 이장님 집에 가서 급할 때만 전화를 하던 노인과, 자기 스마트폰으로 하루에 수천 통의 카카오톡 메시지를 보내는 초등학생이 같은 시대를 살고 있는 것입니다.

이렇다 보니 사람들이 같은 공간에 있어도 서로 다른 세상에서 산다고 해도 과언이 아닙니다. 실제로 만나 당구를 치거나 밥을 먹거나 하는 것이 익숙한 어른 세대와 온라인 커뮤니티와 온라인 게임이 익숙한 젊은 세대는 다른 세상을 사는 것과 마찬가지입니다. 특히 젊은 세대일수록 인터넷의 가상공간에서 보내는 시간이 많고, 그곳에서 더 편안함을 느끼는 경우가 많습니다.

인터넷이 등장했던 때

사람들이 실제 세계 못지않게 인터넷 공간에서 많은 시간을 보내게 되면서, 이곳에서 사람들이 어떻게 행동하는 것이 바람직한지, 다른 사람들을 어떻게 대해야 하는지에 관한 논란도 생기게 마련입니다. 처음 등장했던 시기에 인터넷은 모든 사람들을 위한 공간이 아니었습니다. 1980년대 후반, 스위스에 위치한 유럽입자물리연구소^{CERN}의 연구원 팀 버너스리가 처음으로 온라인에서 하이퍼텍스트 등을 통해 문서를 연결하는 '월드 와이드 웹^{WWW}' 개념을 만든 것은 과학자들이 데이터와 연구 결과를 서로 쉽게 공유할 수 있도록 하기 위해서였습니다.

1990년대 들어 넷스케이프나 인터넷 익스플로러 같은 웹 브라우저가 등장하며 인터넷을 대중이 쓸 수 있게 되었지만, 이때도 곧바로 모든 사람이 인터넷을 받아들인 것은 아니었습니다. 새로운 기술이나 문화에 관심이 많고 트렌드에 민감한 사람들이 먼저 인터넷을 받아들여 사용하기 시작했습니다. 당시 통신망이 지금과 비교하면 미비한 점이 많으면서 가격 역시 비쌌던 점도 인터넷이 널리 보급되기 어려운 이유였습니다. 당연히 관련된 법이나 규제, 질서도 마련되어 있지 않았습니다.

이렇게 대중이 아직 참여하기 전, 일부 계층이 우선 참여하면서 초기 인터넷에서는 크게 두 가지 모습이 나타났습니다. 심도 있는 지식 공유와 토론, 창작 활동이 활발히 이루어지고 시공간을 넘어 자유롭게 관계를 맺어 가는, 우리가 긍정적으로 생각하는 인터넷의 모습이 하나입니다. 또 하나는 선을 넘는 거친 언사와 폭력, 음란물이 넘쳐 나고 저작권 침해가 수시로 이뤄지는 모

악인은 어디에나 있어

습이었습니다. 음란물은 새로운 미디어가 등장하면 언제나 가장 먼저 시장을 넓힙니다. 또 불법 복제 소프트웨어와 게임이 넘쳐났고, 과거에 돈 주고 사야 했던 음반 속 노래들도 MP3 파일 포맷으로 온라인 공간에 공짜로 풀리기 시작했습니다. 이런 일들은 전 세계 누구나 쉽게 접근하여 시공간 제약 없이 디지털 형태의 정보와 콘텐츠를 자유롭게 만들고 복사하고 공유할 수 있다는 기술적 특징 때문에 가능한 일이었습니다. 특장점이 폐해도 함께 불러온 것이죠.

초기 인터넷은 좋게 말하면 낭만적 이상주의가 꽃을 피운 공간, 나쁘게 말하면 무질서와 방종이 지배한 공간이었습니다. 이런 가운데 점점 더 많은 사람들이 인터넷 세상에 참여하게 되었습니다. 혼돈도 커졌고, 질서를 찾아야 한다는 인식도 확산되었습니다. 인터넷 게시판과 포털 뉴스 댓글에는 악플이 달리기 시작하고 사이버 불링cyberbullying과 신상 털이가 흔해졌습니다. 하지만 이런 일들 덕분에 인터넷에서 어떻게 질서를 만들어 가야 할지에 대한 논의도 가능해졌습니다. 이제 인터넷에서 악플을 달고 신상을 털거나 소프트웨어와 게임을 불법 복제해 남의 저작권을 침해하면 안 된다는 공감대는 자리를 잡아 가고 있습니다. 물론 그렇다고 악플이나 불법 복제가 완전히 사라지지는 않았습니다. 다만, 더 좋은 방향으로 나아가기 위한 큰 흐름을 잡았다고 할 수 있겠죠.

2000년대 초반까지가 유선 네트워크와 PC에 기반을 둔 인터넷 세상이 등장한 시기였다면, 지금은 스마트폰과 소셜 미디어가 주인공이 되어 만들어 가는 시대입니다. 사무실이나 집의 책상 위가 아니라 모든 사람의 손바닥 위에 컴퓨터가 있는 세상, 모든 기기가 인터넷에 연결된 세상, 모든 사람이 디지털 세상에서 서로 친구가 되는 세상, 그리고 그 과정의 모든 데이터가 저장되고, 분석되고, 누군가의 이익을 위해 활용되는 세상입니다.

지금까지 이 시대의 특징이 무엇이고 문제는 무엇인지, 그리고 어떻게 이런 문제를 헤쳐 나가야 할지 살펴보았습니다. 스마트폰 시대 역시 초기에는 인터넷 시대와 마찬가지로 개인화와 맞춤 서비스, 지식과 소통에 대한 무한한 접근 등의 이상을 제시했지만, 지금은 가짜 뉴스와 거짓 정보, 프라이버시 침해, 사람들의 시간과 집중력을 앗아 가는 알고리즘 등의 문제를 마주하고 있습니다.

디지털 기술의 발달로 사람들이 활동하는 새로운 가상 세계의 영역이 대두될 때마다 이 같은 문제는 반복되곤 합니다. 아직 사람도 없고 질서도 없는 곳에서 좋은 쪽이건 나쁜 쪽이건 '새로운' 가능성을 추구하는 것이죠.

메타버스는 이미 왔다!

이제 인터넷과 스마트폰에 이은 새로운 가상공간의 가능성이 열리고 있습니다. 바로 '메타버스 metaverse'입니다. 메타버스는 '~을 넘어' 혹은 '~을 초월하는', '~ 자체에 대한'이라는 뜻을 담고 있는 영어 접두어 'meta'와 '우주'를 뜻하는 단어 'universe'의 합성어입니다.

메타라는 말의 의미가 잘 와닿지 않을 수 있을 것 같습니다. 예를 들자면, 철학의 한 분야인 형이상학이란 말을 들어 보셨나요? 물질세계에 대한 학문인 물리학 'physics'를 넘어 존재의 근본 원리를 탐구하는 형이상학을 'metaphysics'라고 합니다. 또 데이터에 대한 데이터는 '메타 데이터 metadata'라고 합니다. 생성 일시나 태그, 포맷 등 어떤 데이터의 특성을 파악하고 분류하는 기준이 되는 데이터가 메타 데이터입니다. 평론가들의 평론에 대한 평론은 '메타 평론', 소설에 대한 소설은 '메타 소설'이라고 부르는 식입니다. 그러한 의미대로 메타버스는 우리가 사는 세계를 초월해 존재하는 세계이면서, 동시에 우리가 사는 세계에 대한 세계이기도 합니다.

하지만 요즘 말하는 '메타버스'는 보통 가상현실 VR 기술 등을 통해 온라인 공간에서 다른 사람들과 교류하거나 여러 정보와 오락을 이용하는 서비스를 가리키는 말로 많이 쓰입니다. 일상을 초월해 나의 3D 아바타가 활동하는 온라인 가상공간을 일컫죠. 커다란 VR 기기를 머리 위에 쓰면 더 그럴듯하겠죠?

메타버스란 말이 처음 등장한 닐 스티븐슨의 SF 소설 『스노우 크래시 Snow Crash』에 묘사된 메타버스가 이와 비슷합니다. 소설 속에서 천재 해커인 주인공은 특수한 고글을 끼고 소프트웨어를 통해 구현되는 3차원 가상 세계, 즉 '메타버스' 속으로 들어갑니다. 그 안에서 사람들은 건물을 짓고, 공원을 만들고, 서바이벌 전투 게임을 즐깁니다. 디지털 공간이지만 이 같은 활동을 하려면 빈 땅을 사고 행정 허가를 받는 등 현실 세계와 비슷한 과정을 거쳐야 합니다. 일상과 분리되어 몰입하는 경험을 제공하는 3차원 가상공간, 그 안에서 활동하는 아바타, 경제나 제도와 같은 사회적 체계 등을 모두 포함한 디지털 세계입니다.

네이버의 '제페토' 같은 서비스가 이런 식의 메타버스와 가장 비슷한 모습이라 하겠습니다. 제페토는 자신이 원하는 외형의 3D 아바타를 만들어 꾸미고, 그 아바타가 되어 다른 사람들과 가상공간에서 교류하는 소셜 미디어입니다. 2018년 출시되었는데 벌써 회원이 2억 명이 넘고, 특히 청소년이 그중 90퍼센트 이상이라고 합니다. K팝 열풍 덕분에 해외 사용자가 더 많다고도 하네요. SM엔터테인먼트나 YG엔터테인먼트 같은 연예 기획사가 제

악인은 어디에나 있어

메타버스가 이미 우리의 일상에 스며들고 있다.

페토 안에서 신곡을 소개하기도 하고, 구찌나 나이키 같은 패션 기업이 제페토와 협업해 패션 아이템을 디지털 굿즈로 만들어 팔기도 합니다. 그 밖에 페이스북을 운영하는 메타 역시 '호라이즌 월드'라는 3D 아바타 기반 메타버스 플랫폼을 서비스하고 있습니다.

이런 식의 메타버스가 아직 완전하다고 볼 수는 없습니다. 특수한 고글을 끼거나 버튼을 누르고 현실과 분리된, 그러나 현실과 구분되지 않는 새로운 세계로 들어가 새로운 삶을 체험하는 SF 드라마 같은 일이 실현되려면 아직 많은 시간이 필요할 듯합니다. 그러나 현재의 인터넷이나 모바일 서비스들도 이미 메타버스의 요소들을 저마다 어느 정도씩 가지고 있습니다. 스마트폰을 끼고 사는 우리는 이미 부분적으로 메타버스에 몸을 담그고 있는 셈입니다.

코로나19 팬데믹은 메타버스의 확산을 더 가속했습니다. 스마트폰 덕분에 사람들이 디지털 공간에 이미 상당히 익숙해진 상황에서 코로나19가 터지는 바람에 원격수업이나 재택근무가 적극 시행되었죠. 여기에 초고속 통신망의 구축과 하드웨어 성능 개선 등이 보다 정교하고 몰입감 높은 메타버스의 등장을 촉진하고 있습니다.

인기 게임 〈배틀그라운드〉와 비슷한 게임인 〈포트나이트〉에서는 미국의 유명 힙합 가수 트래비스 스콧이 가상 라이브 콘서트를 개최해 화제가 되었습니다. 게임 안에 마련된 무대에 스콧의 대형 아바타가 등장해 공연을 펼치고, 게이머들은 각자의 아바타로 무대 주변에 모여 공연을 즐겼습니다. 공연을 관람한 사람은 총 2,770만 명, 최대 동시 접속자 수는 1,230만 명이었다고 하네요. 사흘간 5회에 걸쳐 진행된 각 9분짜리 공연으로 거둬들인 총 수익은 약 2,000만 달러로 추정됩니다.

혹시 〈로블록스〉 게임, 좋아하시나요? 로블록스도 메타버스의 대표 주자로 꼽힙니다. 〈마인크래프트〉와 비슷하게 그 안에서 무엇이나 자유롭게 할 수 있는 이른바 '샌드박스' 게임입니다. 플

악인은 어디에나 있어

레이어들은 직접 게임을 만들거나 다른 사람이 만든 게임을 즐길 수 있고, 게임을 판매하거나 아이템을 거래하며 돈을 벌 수도 있습니다. 게임을 만드는 게임인 동시에 하나의 플랫폼이고, 꿈과 현실의 모든 일이 벌어질 수 있는 세계입니다.

한시바삐 법과 원칙을 정비해야

하지만 메타버스도 새롭게 만들어져 가는 세계이다 보니 앞서 인터넷이나 모바일 세계에서 우리가 겪었던 혼란과 무질서가 나타날 가능성이 큽니다. 호라이즌 월드나 제페토 같은 메타버스에서는 이미 아바타에 대한 성적인 괴롭힘 등이 문제가 되고 있습니다. 자유도가 높다는 특성을 악용해 아바타로 성행위를 연상시키는 자세를 취하거나, 계속 다른 사용자의 아바타를 따라다니며 껴안으려 하는 경우도 있습니다. 아니면 비싼 아이템으로 유혹해 신체 사진을 찍어 보내라고 요구하는 등 미성년자를 꼬드겨 성적인 행동을 하도록 유도하려는 사람들도 있습니다. 원하는 것을 얻기 위해 대화 중에 얻은 개인 정보를 바탕으로 위협하는 방식은 n번방 가해자들이 트위터에서 피해자들에게 썼던 수법과 같습니다.

이런 일들은 이미 온라인 커뮤니티나 랜덤 채팅 앱 등에서 많이 일어나 온 만큼, 메타버스에서도 일어난다고 놀랄 것은 아닙니다. 그만큼 우리가 잘 대비해야겠죠. 다만 염려되는 것은, 메타버스에서는 각 사용자의 아바타에 자신의 모습이 담겨 있는 경우가 많아 성적인 괴롭힘의 충격이 더 크게 다가올 수 있다는 점입니다. 이런 문제는 지금까지 경험해 본 적 없는 것이죠. 또 메타버스 사용자 중 상당수가 미성년자라는 점도 문제입니다. 경험이 적은 미성년자는 아무래도 이런 위험에 더 크게 노출될 수밖에 없습니다.

물론 온라인 공간에서의 성범죄를 처벌하기 위한 여러 법과 규제들이 마련되어 있습니다. 하지만 실제 사람이 아닌 '아바타'에 대한 성적 공격을 처벌할 수 있는지에 대해서는 현재 논란이 좀 있습니다. 과연 아바타가 실제 인격체인 사람과 마찬가지로 법적 보호의 대상이 될 수 있을까요? 지금의 법률은 메타버스나 아바타의 존재를 고려하지 않고 만들어졌기 때문에 이런 부분에 적용하기 곤란할 수 있습니다. 사람들이 디지털 공간에서, 또는 메타버스 공간에서 보내는 시간이 많아지고 디지털 자아가 실제의 자아와 점점 더 긴밀하게 연결된다면 아바타에 대한 법적인 보호를 강화하는 방향으로 제도가 바뀔 수도 있습니다.

실제로 메타버스와 관련된 윤리나 규칙을 미리 마련해 두어

악인은 어디에나 있어

대비하려는 움직임이 일고 있습니다. 최근 30여 년간의 디지털 혁명을 겪으면서, 기술이 발전하고 세계가 확장될 때 무슨 일이 일어나는지 어느 정도는 예측할 수 있게 된 덕이 큽니다. 우리나라 과학기술정보통신부는 2022년 말 '메타버스 윤리 원칙'을 발표했습니다. 메타버스를 안전하게 이용하며 그 잠재력을 살리자는 취지입니다. 메타버스가 추구해야 할 가치로 '온전한 자아', '안전한 경험', '지속 가능한 번영' 등 세 가지를 꼽았고, 또 이런 가치를 실행에 옮기기 위해 '진정성', '자율성', '호혜성', '사생활 존중', '공정성', '개인 정보 보호', '포용성', '책임성' 등 8대 실천 원칙을 정했습니다. 메타버스에서 개인이 안전한 환경 가운데 스스로 선택한 삶의 가치에 충실하고 자율적으로 행동할 수 있어야 한다는 원칙입니다.

13장.

'디지털 앵벌이'가 된 어린이 크리에이터

앞에서 대표적인 메타버스 서비스로 로블록스를 잠시 소개했습니다. 이 장에서는 로블록스 게임 플레이어들 사이에서 실제로 일어났던 일을 소개해 드리려 합니다. 디지털 기술과 게임, 그리고 크리에이터가 품은 가능성을 제시하는 동시에, 이 가상 세계 안에서 청소년이 당할 수 있는 피해를 가장 생생하게 보여 주는 사례이기 때문입니다.

로블록스를 해 본 친구들이라면 아마 그 안에서 여러 가지 게임을 만들거나 아이템을 디자인하고 팔아서 돈을 벌 수 있다는 사실을 알 것입니다. 유튜브에 영상 크리에이터가 있다면, 로블록스에는 게임 크리에이터가 있는 셈입니다. 로블록스에서 크리에이터 활동이 활발한 것은 워낙 인기가 좋고 사용자가 많기 때문입니다. 2023년 초를 기준으로 로블록스의 하루 평균 접속자는 6,600만 명 수준입니다. 북미권에서 인기가 높아 미국 어린이의 절반 이상이 로블록스 계정을 갖고 있고, 사용자의 5퍼센트는 직접 그 안에서 게임을 만들어 본 경험이 있습니다.

지금까지 로블록스 안에서 사용자가 만든 게임은 4,200만 개 이상이며, 그 개발자들에게 돌아간 총 수익은 2022년 기준 6억 2,400만 달러에 이릅니다. 물론 유튜브 크리에이터와 비슷하게 개발자 간 수익 격차는 매우 큽니다. 대부분은 돈을 못 벌고 일부는 약간의 돈을 만지지만, 아주 소수는 큰돈을 벌기도 합니다.

2022년 12월을 기준으로 로블록스에서 게임을 만드는 사람의 99.6퍼센트는 수익이 1,000달러 미만이지만, 상위 675명은 연간 평균 10만 달러, 우리 돈으로 1억 3,000만 원에 가까운 수익을 냈습니다. 《가디언》지에 따르면 2021년 로블록스 안에서 3만 달러(약 3,900만 원) 이상의 수익을 올린 게임은 1,000개 정도입니다. 이 게임을 만드는 사람들은 누구일까요? 상당수는 로블록스를 즐기는 어린이들입니다. 아마 여러분 중에도 게임을 만드는 일을 하고 싶은 사람들이 많이 있을 텐데요. 과연 로블록스의 어린이스타 개발자들은 게임이 성공했을 때 정당한 대우를 받고 있을까요? 부모님보다 많은 돈을 버는 어린이가 있는가 하면, 게임에서 만난 다른 어른에게 착취를 당하는 경우도 있었습니다.

안나의 예

언론에 보도된, 미국 유타주에 사는 10대 소녀 안나의 이야기를 살펴봅시다. 안나는 10세 때 처음 로블록스 게임을 만들었고, 게임 제작에 재미를 느껴 작곡과 프로그래밍, 3D 모델링도 배웠습니다. 그러던 어느 날 안나의 게임을 눈여겨본, 20대 청년 사용자들로 구성된 게임 개발 팀이 함께 일하자는 제안을 해 왔습니다. 안나는 게임 수익의 10퍼센트를 받기로 하고, 그 팀의 다섯 번째 멤버가 되어 미술과 디자인, 프로그래밍 등의 작업에 참여했죠. 그들이 만든 로블록스 게임이 기대 이상의 성공을 거두어서, 16세 때 안나의 연간 수익은 30만 달러(약 3억 9,000만 원)로 부모님 두 사람의 수입을 훌쩍 뛰어넘었습니다.

안나는 계약서를 따로 쓰지 않고서 열심히 게임만 만들었고 수익은 모두 게임 개발 그룹의 리더 계정에 들어온 후 배분되었는데, 여기서 문제가 생겼습니다. 리더가 안나 등 청소년 멤버들을 고정된 급여만 받는 계약직 종사자로 대우하겠다고 일방적으로 통보한 것입니다.

그에 따라 안나의 수익은 40퍼센트 줄었지만 도움을 요청할 곳은 없었습니다. 로블록스 측은 청소년 회원이 자사 플랫폼에서 200만 달러(약 26억 원)를 버는 동안 적절한 지원이나 조언을 하지 않았고, 이렇게 문제가 생긴 후에도 별 도움을 주지 않았습니다. 안나는 로블록스에서 계속 게임 제작자로 활동하고 싶었기 때문에 로블록스 커뮤니티에서 문제를 제기하기가 껄끄러웠습니다.

리건과 레이철의 예

'소닉 이클립스 온라인'이라는 로블록스 게임의 개발 팀에서도 청소년 학대 논란이 일었습니다. 이 게임은 아놀드 카스틸로라는 20대 청년이 세가의 '바람돌이 소닉' 캐릭터를 활용해 만든 팬 게임입니다. 캐나다에 사는 리건 그린은 12세 때 카스틸로에게 함께 게임을 만들자는 제안을 받았습니다. 리건은 2년간 소닉 이클립스 온라인 제작에 참여하며 장시간 노동을 강요받았고, 제대로 안 하면 팀에서 쫓겨날 것이라는 위협을 받았습니다.

매일 수천만 명의 어린이와 청소년이 플레이하고 있는 로블록스

역시 12세 때 이 팀에 들어간 레이철이란 소녀는 카스틸로가 메신저를 통해 지속적으로 성적인 메시지를 보내며 괴롭혔다고 폭로했습니다. 결국 카스틸로는 로블록스 계정과 게임이 삭제되는 것은 물론, 체포되어 교도소에 수감되었습니다.

이처럼 청소년들의 재능과 열정을 어른들이 착취하고, 성적으로도 괴롭히는 일이 일어나고 있습니다. 로블록스 사용자의 절반 가까이가 13세 이하 어린이입니다. 하지만 어른들이 잘 모르는 세계에서 일어나는 이런 일들은 종종 법이나 규제의 감시망을 피해 갑니다. 로블록스 측에서 콘텐츠 관리에 투자를 늘리고 있지만, 당연히 모든 문제에 대응하기는 거의 불가능합니다.

악인은 어디에나 있어

메타버스는 자기만의 경제 생태계를 형성하고 그 안에서 경제활동을 장려한다는 점이 특징입니다. 로블록스처럼 돈을 벌고 물건을 사고팔 수 있는 메타버스에서는 기존 소셜 미디어와는 다른, 새로운 차원의 사용자 괴롭힘 문제가 일어날 수 있습니다. 자칫 '디지털 앵벌이'가 대규모로 이루어질 수도 있는 것이죠. 디지털 세계가 실제 세계와 더 비슷한 메타버스로 진화함에 따라, 우리가 고민해서 마련해야 할 사회적 규칙과 안전 대비책도 점점 늘어나고 있습니다.

새로운 과거? 오래된 미래?

메타버스의 등장과 확산을 지켜보고 있으면 마치 새로운 땅을 개척하는 것과 비슷하다는 생각을 종종 하게 됩니다. 대항해시대에 유럽 사람들이 아메리카와 아프리카 대륙으로 향하고, 현대인들이 달과 화성, 우주로 진출하는 것과 같이 디지털 기술에 기반한 가상의 공간을 개척하는 것이죠. 사람은 항상 일상의 세계를 벗어나 새로운 세계를 찾아 나서려는 성향이 있습니다.

꼭 신대륙이나 달나라처럼 거창한 세계가 아니어도 됩니다. 우리는 모두 어릴 때 할머니의 무릎에서 옛날이야기를 들으며 상상의 세계로 떠나곤 하지 않았나요? 20년 전 소박한 온라인 게시판에서도 사람들은 열심히 글을 올리고 토론을 했습니다. 키보드를 두드리는 그 순간만큼은 마치 그리스 아고라의 토론장에 온 것같이 느꼈습니다. 이것도 어떤 의미에서는 메타버스였죠. 그런 의미에서 메타버스는 새로운 세계를 찾고자 하는 사람의 소망에 디지털 기술을 통해 응답하는 것이라고도 할 수 있습니다.

하드웨어와 네트워크의 발달, 새로운 서비스와 인터페이스의 등장은 지금까지와 다른 차원의 경험을 제시할 수 있습니다. 마치 스마트폰이 PC와는 완전히 다른 경험을 선사하며 새로운 세상을 연 것처럼 말입니다. 메타와 애플, 구글 등이 AR 안경, VR 기기 등을 열심히 개발하는 것도 그런 이유에서 입니다. 새로운 세상이 열리면 거대한 기회가 오리라는 것을 알고 있는 것이죠.

마크 저커버그 메타 CEO는 이런 말을 한 적이 있습니다. "미래에는 미디어, 예술, 스크린, TV가 물리적으로 존재할 필요가 없다." 바로 메타버스의 세계를 두고 한 말입니다. 이 세계는 이전까지와 다른 세계입니다. PC 통신, 인터넷, 스마트폰 서비스, 그리고 소셜 미디어가 기존과 다른 세계를 열었던 것처럼 말이죠. 그리고 동시에 메타버스는 본래 사람이 사는 세계와 본질적으로 같으면서도, 모든 가능성과 위험도 함께하는 세계입니다. 그렇기에 이 세계에 대해 더 잘 이해해야 하고, 위험은 피하면서 가능성은 최대한 살려 우리 앞에 놓인 삶을 개척해야 하는 것입니다.

더보기

14장.

세상을 어지럽히는
가짜 뉴스

요즘 부쩍 많이 들리는 말이 '가짜 뉴스^{fake news}'입니다. 정치인들이 자신에게 불리한 내용을 밝히는 기사가 나오면 "그건 가짜 뉴스다!"라고 주장하곤 하죠. 가짜 뉴스는 말 그대로 언론 보도의 형식을 흉내 내어 거짓된 내용을 기사처럼 만든 것을 뜻합니다. 2016년 미국 대통령 선거 시기에 본격적으로 거론되기 시작한 개념입니다.

공화당의 도널드 트럼프 후보와 민주당의 힐러리 클린턴 후보가 치열한 경쟁을 벌이고 있었던 2016년 당시는 마침 페이

전 세계가 실시간으로 소통한다.

스북이나 트위터 같은 소셜 미디어들이 기존 언론을 넘어서는 큰 영향력을 발휘하기 시작한 때였습니다. 물론 소셜 미디어는 2000년대 초반에 이미 나왔고 앞선 선거에서도 많은 영향을 미쳤지만, 2016년쯤에는 일부 얼리어답터나 청년층뿐만 아니라 대다수 국민이 쓰게 된 상황이었습니다.

이 시기에 클린턴 후보의 비리를 조사하던 미국 연방수사국 FBI 요원이 숨진 채 발견되었다느니, 교황이 트럼프 후보를 지지했다는 등의 가짜 뉴스가 소셜 미디어를 타고 번지기 시작했습니다. 페이스북과 트위터 등에서 끝없이 공유되면서 여론을 뒤흔들었죠. 이런 콘텐츠는 뉴스의 모습을 하고는 있었으나 실제로는 제대로 된 취재를 바탕으로 쓰인 것이 아니라 순전히 가공의 이

　　　　　　　　　　　악인은 어디에나 있어

야기에 지나지 않았습니다. 기사를 쓴 기자도, 기사를 낸 언론사도 실체가 없는 경우가 많았습니다. 허울뿐인 언론사 이름의 웹사이트를 열어 놓고 누군가 지어낸 것들이었죠. 심지어 유럽 발칸반도의 북마케도니아에 사는 10대 청소년들이 돈을 벌기 위해 만들어 낸 기사들도 있었습니다.

가짜 뉴스는 무엇일까?

이러한 이들이 가짜 뉴스를 만드는 것은 트래픽을 끌어모아 광고 수익을 얻을 수 있기 때문입니다. 자극적인 가짜 뉴스가 페이스북 같은 소셜 미디어에서 광범위하게 공유되며 관심과 트래픽을 끌어모으는 것입니다. 인터넷이 발명되기 전에는 오직 신문이나 잡지, TV 등을 통해서만 뉴스를 접할 수 있었습니다. 그리고 언론사들의 숫자도 그리 많지 않았습니다. 그때도 여러 가지 소문이 돌곤 했지만, 입에서 입으로 전해졌기에 퍼져 나가는 속도에 한계가 있었죠.

하지만 인터넷의 등장, 특히 소셜 미디어와 스마트폰의 보급으로 상황이 바뀌었습니다. 인터넷에서는 누구나 쉽고 빠르게, 큰돈 들이지 않고 자기가 쓰고 싶은 것을 쓸 수 있습니다. 누구나 인터넷 게시판이나 자기 블로그, 트위터, 페이스북에 원하는 대로 쓰고 유튜브에서 원하는 대로 떠들 수 있습니다. 인터넷에 정체불명의 언론사를 만들기도 쉬워졌습니다. 세계를 연결하는 각종 온라인 매체를 통해 어떤 소식이든 쉽게 공유하고 전파할 수 있게 되었습니다.

심지어 인터넷 공간에서는 철저한 검증을 거쳐 기사를 만드는 좋은 언론사나 아무 검증 없이 편파적으로 글을 쓰는 개인 블로그가 확실하게 구별되지 않습니다. 모두 그저 타임라인에서 빠르게 흘러가는, 비슷비슷해 보이는 기사들일 뿐입니다. 이는 마치 우리가 네이버에서 뉴스를 볼 때, 그 기사가 《동아일보》 기사인지 《경향신문》 기사인지 특별히 구분하지 않는 것과 비슷합니다. 생각보다 많은 사람들이 네이버 뉴스의 기사들을 전부 네이버에서 만드는 것으로 잘못 알고 있답니다.

더구나 사람들은 평소 자기 의견이나 생각과 비슷한 내용을 담은 기사는 더 쉽게 사실로 받아들이고 더 많이 공유하는 경향이 있습니다. 곰곰이 따져 보면 주요 내용의 출처도 불분명하고, 근거도 뚜렷하지 않고, 기사를 쓴 언론사 자체도 믿을 만한지 알 수 없는 곳인데 말이죠. 더 자극적이고 더 편향적인 콘텐츠를 만들수록 사람들이 더 좋아하고, '좋아요'나 공유 같은 반응도 더 많이 얻을 수 있습니다.

그에 더해 모바일 세상에선 콘텐츠를 공유하는 것도 굉장히 쉽습니다. 페이스북이나 트위터에서 '공유' 버튼 한 번만 누르면 됩니다. 카카오톡 단체 대화방을 통해서도 온갖 소문과 진위를 확인하기 어려운 정보들이 유포됩니다. 사실이 아닌 내용도 마치 사실처럼, 공신력 있는 기사인 듯 한없이 퍼져 나가고 확대재생산됩니다.

가짜 뉴스에 대한 사회적 우려가 커지면서, 거짓된 내용을 마치 진짜 기사처럼 작성하는 좁은 의미의 '가짜 뉴스'는 이제 많이 줄어든 것 같습니다. 하지만 여전히 소셜 미디어나 인터넷 게시판, 유튜브 채널, 정체불명의 언론사 등을 통해 사실과 부합하지 않는 정보, 혹은 사실과 거짓을 적당히 섞은 자극적이고 편향된 정보가 활발히 유통되고 있습니다. 이런 것을 '역정보 disinformation' 라고도 합니다.

여름 장마로 길이 막힐 때, 여러 해 전 홍수 사진을 갖고 와 '지금 시내 어느 지역이 침수됐다'는 게시물을 올리는 정도는 약과라고 할 수 있겠습니다만, '백신 때문에 아이들 여러 명이 죽었다'와 같은 역정보는 사회의 보건과 안전에 심각한 문제를 일으킬 수 있습니다. 인도에서는 왓츠앱 단체 대화방들에 아동 유괴범이라며 어떤 남자의 사진이 돌자, 마을 사람들이 거리에서 엉뚱한 사람을 이 유괴범으로 생각하고 집단 폭행을 가하는 일도 있었습니다. 사실 이 사람은 아동 유괴범이 아니었고, 애초에 아동 유괴범으로 지목된 사진 속 남자도 유괴범이 아니었습니다. 그렇다면, 이러한 가짜 뉴스가 퍼져 나간 이유는 무엇일까요? 사람들은 왜 가짜 뉴스를 좋아하고 열심히 공유하는 것일까요?

확증 편향과 필터 버블

앞에서 소셜 미디어나 유튜브의 알고리즘에 대해 많이 이야기했습니다. 이들의 알고리즘은 사용자의 행태를 분석해 각 사용자가 원하고 관심을 갖는 콘텐츠를 더 많이 추천해 보여 주는 것이 목적입니다. 그럼으로써 사람들이 서비스를 더 많이, 더 오래 쓰게 하고 더 큰 광고 수익을 얻을 수 있습니다.

다시 말해 우리가 페이스북이나 인스타그램, 트위터, 유튜브 등을 많이 할수록 이들 기업은 우리에 대해 더 잘 알게 되고, 각자가 자기 취향과 의견에 더 잘 들어맞는 게시물을 보게 될 확률이 높아진다는 것입니다. 처음에는 이러한 소셜 미디어의 특성이 각 사람에게 맞춤형 서비스를 제공할 수 있다는 점에서 혁신으로 여겨졌습니다. 신문이나 방송 같은 대중매체는 대중을 상대로 하다 보니 최대한 많은 사람들이 평균적으로 공감할 수 있는 내용 위주로 구성됩니다. 다른 사람과 구별되는 나의 필요에 꼭 맞는 정보나 엔터테인먼트를 제공하지는 못합니다. 나의 상황과 취향에 맞는 콘텐츠를 제공하는 맞춤형 미디어는 오랫동안 많은 사람들의 꿈이었어요.

하지만 곧 한 가지 문제가 대두되었습니다. 사람들은 자기가 듣고 싶은 것만 듣고, 믿고 싶은 것만 믿으려 한다는 점이죠. 이러한 성향을 심리학에서는 '확증 편향'이라고 합니다. 여러 사실과 증거 중에 자기 평소 생각이나 믿음과 일치하는 것들만 선별해 받아들이고, 그렇지 않은 것들은 무시하게 되는 심리를 말합니다. 그리고 그렇게 받아들인 정보가 다시 평소의 신념을 강화하는 악순환이 벌어지는 것입니다.

정치인을 둘러싸고 어떤 논란이 불거졌을 때 지지자는 그에게 유리한 사실 위주로, 반대자는 그에게 불리한 사실 위주로 사안을 바라보는 것이 대표적인 예입니다. 인기 연예인을 두고 인성 논란이 일어날 때 팬과 안티들이 각각 내세우는 주장들에서도 비슷한 모습을 볼 수 있죠. 모든 사람이 어느 정도는 이런 성향을 갖고 있습니다. 매번 새롭게 상황과 증거를 재검토하고 자신의 의견을 조정하려면 너무 힘들지 않겠어요? 그래서 대략적 생각이나 의견을 정해 두고 웬만하면 거기서 벗어나지 않는 것이죠. 우리 뇌는 이런 식으로 에너지를 최대한 절약합니다.

사람들의 확증 편향이 인터넷 기업의 알고리즘과 만나면 어떻게 될까요? 내가 동의하고 좋아할 만한 내용들이 나의 인터넷 세계를 가득 채우게 될 것입니다. 또 비슷한 성향의 사람들하고만 교류하게 되겠죠. 그러면 자신의 의견이 주류이고, 온 세상 사람들이 모두 나와 같은 생각이라는 착각에 자기도 모르게 빠지기 쉽습니다. 소셜 미디어가 활성화된 최근 몇 년간 선거 때마다 "내 주위에는 다 아무개 지지자밖에 없는데, 어떻게 이 사람이 떨어질 수 있는가?"라는 탄식이 터져 나왔습니다. 진 쪽에서 으레 부정선거 주장이 나오기도 하죠. 모두 어느 정도는 확증 편향에 따른 반응들이라고 할 수 있겠습니다.

이런 상황이 심해지면 우리는 오직 자신과 비슷한 생각을 가진 사람들이 비슷한 주장만 하는 제한된 세계에 갇혀 살게 될 위험이 있습니다. 이를 '반향실echo chamber 효과', 혹은 '필터 버블filter bubble'이라고 합니다. 반향실은 소리가 밖으로 새어 나가지 않고 안에서 맴돌며 울리도록 특수한 소재로 벽을 두른 방을 말합니다. 주로 방송에서 메아리 효과를 내기 위한 목적으로 사용합니다. 소셜 미디어에 빠져 있는 사람은 마치 반향실에 들어가 있는 것처럼 비슷한 의견과 주장만 거듭 듣게 되기 쉬운 것이죠.

필터 버블도 비슷한 의미입니다. 인터넷의 추천 알고리즘은 사용자들에게 무엇을 보여 주고 무엇을 보여 주지 않을지 골라냅니다. 우리가 접하는 정보에 대한 필터 역할을 하는 것입니다. 자칫 잘못하면 페이스북이나 유튜브, 네이버 등이 필터링하고 부풀린 정보의 거품에 갇힐 수 있습니다.

관심 있는 정보를 편리하게 찾고 친구를 사귈 수 있도록 도울 목적으로 만든 알고리즘이 '지나치게 잘' 작동해서 오히려 우리를 고립된 세계에 빠지게 할 수 있습니다. 다른 사람들의 의견은 잘 들리지 않는 이 세계에서 우리는 자신이 지지하는 가치관과 의견만이 옳고, 다른 사람들은 전부 틀렸다는 생각을 키워 가게 됩니다. 그리고 근거가 희박한 주장이나 기사, 가짜 뉴스 등도 제대로 검증하지 못하게 됩니다. 이미 나의 세계는 내가 옳다는 증거들로 가득 차 있고, 나와 내 주변 사람들의 의견은 언제나 다른 사람들의 생각보다 옳다고 믿기 때문입니다.

양분되어 가는 사회

그래서 소셜 미디어가 발달한 오늘날의 세계에서는 정치 사회적 의견의 양극화가 심각한 문제가 되고 있습니다. 인터넷 기업의 알고리즘은 확증 편향을 부추겨 사람들이 가진 기존의 생각을 더욱 강화하는 역할을 합니다. 그리고 이런 알고리즘은 같은 방향의 의견이라도 더 극단적이고 더 강력하게 표현하는 사람들을 더 많이 노출하는 경향이 있습니다. 같은 말이라도 더 강하게, 자극적으로 표현하면 사람들이 '좋아요'를 더 많이 누르게 됩니다. 내가 싫어하는 정치인이나 연예인, 기업, 정책 등에 대해 누군가 시원하게 욕을 해 주면 우리는 더욱 공감하며 열광합니다. 이른바 '사이다' 발언들이죠. 사이다 발언을 한 사람들은 다른 사용자에게 더 많은 피드백을 얻고, 따라서 이들의 노출 가능성도 늘어납니다.

'좋아요'와 같은 소셜 미디어상의 반응은 마치 마약처럼 사람들을 취하게 합니다. 그래서 한번 이런 반응을 맛본 사람들은 계속 많은 관심을 얻기 위해 점점 더 표현의 수위를 높일 가능성이 큽니다. 사실을 냉철하게 검토하거나 근거를 바탕으로 잘잘못을 따지면 뜨뜻미지근한 반응을 얻습니다. '좋아요'와 '팔로우' 같은 사용자의 '관심attention'이 소셜 미디어 세상의 화폐라고 본다면, 사람들이 적은 노력을 들여 더 많은 돈을 벌려는 '합리적' 행동을 하는 것은 지극히 자연스러운 일입니다. 그렇게 사람들 사이의 생각 차이가 점점 커져 가는 것입니다.

하지만 이렇게 사회가 양극화되고 서로 상대방을 '상종하지 못할 존재'로 여긴다면 사회는 제대로 유지될 수 없습니다. 특히 시민 서로 간의 존중과 인내, 대화와 타협을 기본 원리로 하는 민

악인은 어디에나 있어

미국 《사이언스》지에도 정치 양극화의 원인으로 꼽히는 소셜 미디어 및 알고리즘에 대한 분석 기사가 실렸다.

주주의가 크게 위협받을 수밖에 없습니다.

2023년 초 《조선일보》가 케이스탯리서치라는 여론조사 회사에 의뢰해 실시한 조사를 보면, 우리나라 국민 10명 중 4명은 정치 성향이 다른 사람과는 같이 밥을 먹는 것도 불편하게 느낀다고 합니다. '나와 정치적 입장이 다른 사람은 국가 이익보다 자신의 이익에 더 관심이 많다'고 답한 사람은 무려 65퍼센트나 되었습니다. 주변 사람 10명 중 6~7명은 상대편을 '의견이 다른 사람'이 아니라 '나쁜 놈'이라 생각한다는 뜻이죠.

정치 성향 차이에 대한 이러한 인식은 다른 사안들에 대한 판단에도 투영됩니다. 한국갤럽에서 2020~2023년 실시한 조사에 따르면 현재 정부의 코로나 방역 대응에 대해 국민의힘 지지자는 90퍼센트가 '잘한다'고 답한 데 비해, 민주당 지지자 중에선 30퍼센트만 긍정적으로 평가했습니다. 이전 정부 시절에는 반대로 국민의힘 지지자 중 25퍼센트만 정부가 방역 대응을 잘한다고 판단했고, 민주당 지지자는 85퍼센트가 '잘한다'고 생각했습니다.

이는 우리나라만의 문제가 아닙니다. 프랜시스 하우겐이 폭로한 페이스북 내부 문서에는 유럽 어느 나라의 정당 관계자가 페이스북에 "공격적인 게시물이 더 많은 반응을 일으키기 때문에 갈등을 키우는 글을 더 많이 올리게 된다"라며 우려를 전했다는 내용도 있습니다. 실제로 트위터나 페이스북 같은 소셜 미디어는 '좋아요'와 공유 등의 보상을 줌으로써 공격적이고 당파적인 표현을 부추긴다는 연구 결과들이 많이 있습니다.

캐나다 위니펙대학과 미국 스탠퍼드대학 등 연구진이 지난 2009~2019년 미국 상하원 의원들의 트윗 130만 개를 인공지능으로 분석한 결과, 무례한 내용의 트윗이 이 기간 중 23퍼센트 증가한 것으로 드러났습니다. 무례한 트윗이 '좋아요'와 '리트윗'을 더 많이 받기 때문입니다. 공격적 성향을 보이면 지지자들에게 좋은 피드백을 받기 때문에 정치인들의 언사가 더 거칠어졌다는 것입니다.

미국 예일대학 심리학과 연구진 역시 그와 유사하게, '도덕적 분노'를 드러내는 트윗이 더 많은 반응을 끌어내고, 이런 보상을 맛본 사용자는 자극적 발언을 더 많이 하게 된다는 사실을 밝혔습니다. 특히 소셜 미디어에서 주로 정치적 중도파와 친구 관계를 맺고 있는 사람들이 '좋아요' 같은 피드백에 가장 민감하게 반응해 발언 강도를 높여 나간 것으로 나타났습니다. 소셜 미디어가 보상을 통해 중도적 그룹을 극단적 성향으로 바꾼다는 것이죠. 영국 케임브리지대학 연구진도 상대편 정파에 대한 반감을 드러냄으로써 자신의 정체성을 확인하는 게시물이 가장 큰 반응을 끌어낸다는 사실을 밝혔습니다. 아마 모두들 인터넷에 올라오는 글과 사람들의 반응을 보며 이미 체감하고 있었던 내용일 것입니다.

가짜 뉴스에 속지 않으려면

전통적 언론사는 보도에 앞서 상당한 수준의 검증을 거치기 때문에, 공신력 있는 매체에서 가짜 뉴스를 접할 가능성은 매우 낮습니다(물론 오보를 내거나, 언론사의 논조에 따라 한쪽 측면만 일방적으로 강조하는 기사를 쓸 가능성은 언제든 있습니다). 하지만 사람들이 신문을 잘 읽지 않게 된 지도 꽤 오래되었습니다. 뉴스는 포털이나 소셜 미디어에서 주로 보고, 대중적으로 관심이 쏠리는 사안도 인터넷 게시판이나 유튜브 채널에서 알게 되는 경우가 많습니다. 심지어 각종 사건 사고나 논란을 '사이버 렉카cyber wrecker(부정적 소식을 퍼 나르는 모습이 사고 현장에 경쟁적으로 몰려드는 견인차와 유사하다는 뜻의 멸칭)'의 해설만으로 이해하려는 사람들도 늘고 있죠.

각종 온라인 커뮤니티, 블로그, 유튜브 등 정보를 만들어 유통하는 채널은 셀 수 없이 많고, 우리는 스마트폰을 24시간 들고 다니면서 언제 어디서든 이들 채널에 접속할 수 있습니다. 결국 우리는 감당할 수 없을 정도로 많은 정보를 받아들이고 있고, 이렇게 쏟아지는 정보들의 가치와 사실 여부를 따지기는 점점 어려워지고 있다는 것입니다.

특히 우리는 사람들의 감정을 건드려 클릭을 유도하는 자극적인 헤드라인과 사실인지 아닌지 구별하기 어려운 이야기들로 범벅이 된 콘텐츠들을 매일 접하고 있습니다. 사람들은 평소 자기 생각과 의견에 부합하는 주장을 듣기 좋아해서 그런 주장을 엄밀히 검증하기보다는 한결 너그럽게 받아들이는 경향이 있기 때문에, 결과적으로 많은 잘못된 정보들이 떠돌아다니게 됩니다.

미국 온라인 매체 버즈피드가 지난 2016년 미국 대선 기간 중 페이스북에서 인기를 끈 기사들을 분석해 봤더니, 선거 직전 3개월간 상위 20개 가짜 뉴스 기사는 '좋아요'나 공유 등을 포함한 '인터랙션'을 총 870만 건 끌어들였습니다. 반면 주요 19개 언론사의 상위 20개 기사의 인터랙션은 736만 건 정도였습니다. 명망 있는 언론사가 정성껏 만든 기사보다 누가 무슨 근거로 만들었는지도 모르는 엉터리 기사가 더 많은 관심을 끌었다는 의미입니다.

그래서 요즘에는 메타나 트위터, 구글 같은 회사들이 가짜 뉴스를 걸러 내서 피드 노출 빈도를 줄이고 공유를 제한하는 등 가짜 뉴스의 유통을 막으려는 노력을 하고 있습니다. 그런데 이렇게 인터넷 기업들이 가짜 뉴스를 잘 걸러 주는 것도 중요하겠지만, 사실 제일 중요한 것은 우리 스스로 기사의 신뢰성과 타당성을 판단하는 안목을 기르는 것입니다. 믿을 만한 언론사의 기사인지, 사실관계와 반론이 제대로 다뤄졌는지, 취재원은 신뢰할 만한지 등을 따져 보아야 합니다.

물론 이런 일이 쉽지만은 않습니다. 보통은 페이스북이나 포털에 떠도는 기사의 자극적 제목만 보고서 '좋아요'를 누르거나 댓글을 다는 경우가 많습니다. 청소년에게는 뉴스의 신뢰성을 판단하는 일이 성인보다 더 어려울 수 있고요.

여러분은 인터넷에서 접하는 내용들이 사실인지 아닌지 잘 구분할 수 있나요? 스탠퍼드대학 연구진이 2016년 미국의 10대 청소년 7,804명을 상대로 조사한 결과 중학생의 82퍼센트는 웹 사이트에서 '스폰서 콘텐츠'라는 표시가 붙은 글과 진짜 기사의 차이를 구분하지 못했습니다. (스폰서 콘텐츠는 기업 등이 광고 목적으로 자금을 지원해 만든 기사라는 의미입니다. 유튜브 크리에이터들이 협찬을 받아 어떤 회사 제품이 들어간 영상을 만드는 것과 비슷하죠.) 또 권위 있는 언론사의 트윗과 일반인이 올린 트윗의 공신력에 차이가 있다는 사실도 인지하지 못했습니다.

설명이 길거나 사진이 첨부돼 있으면 더 믿을 만하다고 생각하는 경향도 있었습니다. 같은 연구에서 '일본 후쿠시마 원자력발전소 근처에서 찍은 사진'이라는 설명이 달린, 기형적인 모양의 꽃 사진을 보여 주었을 때 학생들의 40퍼센트는 이를 그대로 믿었습니다. 그 출처가 누구나 어떤 사진이든 올릴 수 있는 사진 공유 서비스이고, 업로더가 누구인지, 촬영 장소가 정말 원자력발전소 근처인지에 대한 정보는 전혀 없었는데도 말이죠. 많은 학생들이 생생한 사진만 보고 이를 사실로 받아들였습니다.

청소년들이 포털이나 소셜 미디어, 메신저, 유튜브 등을 통해 접하는 수많은 정보 중 제대로 된 정보와 그렇지 않은 정보를 가려내는 법을 배우려면 어떻게 해야 할까요? 일단 여러 다양한 신문이나 방송 뉴스를 함께 보는 것이 좋겠죠. 언론사마다 논조나 관점이 조금씩 다르기 때문에 여러 언론의 기사를 함께 살펴보면 시야를 넓히고 생각의 힘을 키우는 데 도움이 됩니다. 또 기사를 접할 때 신뢰성을 판단하는 기본적인 기준을 알아 두면 좋습니다. 출처가 어디인지, 누구인지 알 수 없는 '관계자' 멘트로만 구성된 기사는 아닌지, 반론은 반영되어 있는지 등입니다.

사실 우리가 접하는 전통 있는 언론사의 기사는 그나마 검증이 된 내용들입니다. 문제는 이제 정보나 주장을 접할 수 있는 통로가 수없이 많아졌다는 것이죠. 온라인 커뮤니티 게시판에 올라온 수많은 갑질 사연이나 억울함을 호소하는 글들, 연예인에 대한 소문 등이 눈길을 끌고자 애쓰고 있습니다. 그리고 우리는 이런 글들을 보고서 곧바로 분노하거나 공감하며 댓글을 달고, 공유하고, 누군가 '잘못한 사람'을 찾아 좌표를 찍고 몰려가서 욕설 댓글을 달기도 합니다.

우리는 친구들로부터 누군가에 대한 소문을 들을 때 으레 그것이 사실이리라 생각하는 경향이 있습니다. 인터넷 게시판은 지인들 사이에서 오가던 소문과 뒷이야기가 아주 큰 규모로 공유되는 공간이라고 할 수 있습니다. 자극적인 이야기에는 왠지 귀가 솔깃해지죠. 하지만 네이버 검색 결과의 최상단에 나왔다고 해서, 혹은 페이스북 친구들이 '좋아요'를 많이 눌렀다고 해서 곧 사실에 부합하는 것은 아닙니다. 기사를 판단할 때와 마찬가지로 출처가 어디인지, '지식인'인지 포털 카페인지 커뮤니티 게시판인지 등을 확인해 봐야겠죠. 다른 언론이나 믿을 만한 사이트에서도 다뤄진 내용인지 검색해 보는 것 역시 좋은 습관입니다.

사진이 중요한 역할을 하는 게시물이라면, 그 이미지를 인터넷에서 검색해 찾아보는 것도 한 방법입니다. 사진 파일을 구글 이미지 검색에 올려 확인해 보세요. 그 이미지가 어느 웹 페이지에 올라와 있는 것인지, 어떤 용도로 쓰였는지 등을 알 수 있습니다. 이를테면, '나라에 큰 재해가 발생했을 때 친구들과 술자리를 가진 어떤 연예인'의 사진이 사실은 몇 년 전 전혀 다른 곳에서 찍힌 것일 수도 있다는 이야기입니다.

결국 가장 중요한 것은 '비판적으로' 생각하는 태도입니다. 사진과 함께 올라온 글이라 해서 당연히 사실로 받아들여서는 안 된다는 것이죠. 이런 태도는 앞으로 세상을 살아가는 데에도 큰 힘이 됩니다. 이제는 정보와 지식을 외워 머릿속에 넣어 두는 능력보다 필요한 정보를 찾아내 조합하는 능력이 중요합니다. 인터넷과 스마트폰으로 언제 어디서든 정보에 접근할 수 있기 때문입니다. 곧 인공지능이 그런 정보들을 정리하는 일마저 알아서 해 줄지도 모릅니다. 그렇다고 해도 거기서 잘못된 정보를 걸러 내지 못하고 판단 근거로 삼는다면 결국 곤경에 처하게 될 것입니다.

5부

온라인 세계의
주인공이
되기 위해

여러분은 어떤 직업을 갖고 싶나요? 아니면 어떤 일을 하고 싶나요? 인기 있는 직종은 시대에 따라, 지역에 따라 달라지곤 합니다. 예를 들어 파라오가 다스리던 고대이집트에서 사람들이 가장 선망하는 직업 중 하나가 '필경사scribe'였다고 합니다. 요즘 학생들에게는 필경사라는 말이 생소할 것입니다. 필경사는 손으로 글씨를 보기 좋게 적는 일을 하는 사람을 말합니다. 예전에는 인쇄 기술이 발달하지 않았고, 오늘날처럼 컴퓨터로 쉽게 문서를 만들어 프린트할 수 없었기 때문에 손으로 글씨를 적어야 할 일이 많았어요.

요즘에는 '파워포인트'로 슬라이드를 만들고 스크린에 띄워 사람들에게 보여 주지만, 컴퓨터를 쓰지 않던 예전에는 큰 전지에 매직으로 큼직하게 글을 적고 그림을 그린 차트를 벽에 걸어 내용을 전달했습니다. 이런 큰 종이 게시물을 '괘도掛圖'라고 불렀는데, 회사나 학교, 군대 등에서 많이 쓰였습니다. 야전에서 작전 회의를 해야 하는 군대에는 '차트병chart兵'이라는 보직도 있었죠. 의무교육이 시행되기 전에는 글을 읽거나 쓸 줄 모르는 사람도 많았기 때문에 필경사들이 할 일이 더 많았습니다.

요즘은 필경사라는 직업이 거의 사라졌습니다. 다만 아직도 정부에서는 한두 명의 필경사가 일을 하고 있다고 합니다. 대통령 명의로 발행되는 공무원 임명장이나 표창장 등에 받는 사람의 이름을 직접 붓으로 적어 주는 일을 합니다. 이런 상장에는 역시 진짜 붓글씨로 이름이 적혀 있어야 기분이 나는 모양입니다.

2020년 1월 북한 조선중앙TV의 코로나19 관련 보도에 등장한 괘도

　　고대이집트에서는 필경사가 아주 중요한 직업이었습니다. 이집트는 인류 최초로 거대하고 강력한 왕국을 건설한 지역 중 하나입니다. 고대이집트 왕국은 절대 권력을 가진 왕 '파라오'가 다스리는 나라였죠. 나라를 다스리려면 세금을 거둬야 하고, 그렇게 하려면 어느 지역에서 어느 곡물이 얼마나 생산되는지 파악하고 기록해야 했습니다. 법률이나 왕의 명령도 잘 기록되어 전국 각지로 전달되어야 했습니다. 군대도 유지해야 했죠. 사람들이 왕에게 변함없이 충성할 수 있도록 파라오가 신의 대리인이라는 종교적 가르침도 전파해야 했습니다.

이런 일들 모두에 글이 필요합니다. 고대이집트의 필경사는 정부와 종교 기관 등에서 기록을 남기고 보관하는 일을 하는 사람들이었습니다. 그런데 이집트 상형문자는 너무나 복잡하고 어려웠습니다. 당시 농민이나 상인 등 보통 사람들은 글을 읽고 쓰는 법을 배울 기회가 없기도 했지만, 설령 배울 기회가 있더라도 이 문자 체계를 이해하기란 매우 어려웠죠. 외워야 할 상형 문자가 700개나 되었다고 합니다. 보통 5~6세 때 필경사 학교에 들어가 10년 이상 혹독한 학습과 수련을 거쳐야 필경사가 될 수 있었습니다.

필경사들은 왕, 귀족 출신의 고위 관료와 종교 지도자 바로 옆에서 그들이 나라를 실제로 다스릴 수 있도록 돕는 역할을 했습니다. 당연히 사회적지위도 높았고, 돈도 많이 벌었습니다. 그래서 필경사가 되고 싶어 하는 사람이 많았고, 자식을 필경사로 만들고 싶어 하는 부모도 많았습니다. 그런데 필경사가 선망의 직업이 된 이유가 또 있었습니다. 당시 이집트 사회에서 평민 계급 남자가 신분 상승을 할 수 있는 거의 유일한 길이라는 것이었습니다.

오늘날에도 좋은 직업의 기준 자체는 사실 비슷합니다. 남들이 갖기 어려운 차별적 역량이 있고, 그 역량이 사회에서 많은 수요를 끌어와 경제적·사회적 혜택을 얻을 수 있다면 좋은 일자리일 것입니다. 하지만 그러한 일이 구체적으로 무엇인지는 시대마다, 사회마다 다릅니다. 현대의 좋은 직업은 무엇일까요? 아마 의사, 변호사 같은 것을 생각해 볼 수 있겠습니다. 생각해 보면 법률가나 의사나 모두 근대 이전 사회에서는 상류층의 직업이 아니었습니다. 하지만 오늘날에는 가장 선망받는 직업이 되었습니다.

법조인의 역할이 중요해진 것은 근대에 들어서면서 왕의 뜻이 아니라 법이 사회를 지배하는 원리가 되었기 때문입니다. 여기에 경제가 발전하고 사회가 복잡해지니 법을 다루는 것이 그만큼 더 중요하면서도 더 까다로운 일이 되었습니다. 법률은 사회를 돌아가게 하는 근간이고 법조인은 그에 대한 전문 지식을 가진 사람이니 자연히 사회에서 할 역할이 많습니다.

의사의 사회적지위 역시 근대에 들어서 매우 높아졌습니다. 이 시기에 과학 지식과 기술들이 확립되면서 의학 역시 크게 발전했기 때문입니다. 과거에는 인체의 구조와 각 부위의 역할, 세균과 바이러스, 유전 등에 대해 거의 알려진 것이 없었습니다. 당연히 의사의 치료 행위 또한 그렇게 효과가 크지 않았습니다. 하지만 이제는 몸과 질병, 또 미생물과 환경에 대해서 많은 것을 알게 되었습니다. 고치지 못하는 병이 여전히 많지만, 이제 의학은 근거와 해결책을 가지고 질병 치료에 접근할 수 있습니다. 누구에게나 소중한 건강과 생명을 지키기 위해 오랜 시간 높은 수준의 지식과 기술을 쌓아 일하는 의사는 이제 선망과 존경의 대상입니다.

15장.

초연결·초긴밀 사회

직업 이야기를 길게 한 것은 여러분에게 열심히 공부해서 의사나 변호사같이 다른 사람들이 부러워하는 직업을 가지라고 하기 위해서가 아닙니다. 좋은 직업이라는 것은 정해져 있는 것이 아니라 여러 사회적·경제적·문화적 상황의 결과물입니다. 그리고 이런 상황들은 계속해서 변합니다. 고대이집트인들은 필경사라는 직업이 사라질 것이라고 상상할 수 있었을까요? 그런데 지금 우리에게는 인공지능이 변호사 업무를 대신하고 로봇이 의사 대신 어려운 수술을 할 날이 그리 멀지 않게 느껴집니다.

특히 청소년 여러분은 지금 사회, 경제, 문화가 급변하는 시대의 한복판에 있습니다. 그 변화를 일으키는 원동력은 바로 디지털 기술의 보급입니다. 지금까지 이 책에서 다룬 내용은 그 변화가 여러분의 삶에 미치는 영향을 설명한 것입니다. 디지털 기술은 더 이상 과학기술 영역만의 문제가 아니고, 우리 삶과 사회 전체를 바꾸고 있습니다. 그렇다면 이제 이러한 변화를 맞아 무엇을 어떻게 준비해야 할까요? 디지털 기술을 잘 이해하고 활용하여 더 나은 미래를 만들기 위해서는 어떻게 해야 할까요?

기술을 무조건 멀리하기만 하는 것은 바람직한 자세가 아니겠죠. 우리가 앞에서 페이스북이나 인스타그램, 유튜브, 틱톡의 문제를 살펴본 것은 이런 것들을 사용하지 말자고 이야기하기 위해서가 아닙니다. 디지털 기술이 우리의 삶에 영향을 미치는 방식을 이해해 기술의 피해자가 되지 않도록 하고, 나아가 사회에서 자신의 꿈을 실현하는 도구로 활용하기 위해서입니다.

공부를 잘하는 학생들은 대부분 의대에 가려고 해요. 공무원 시험을 준비하는 사람도 많습니다. 중소기업은 가려 하지 않고 대기업만 가려 하는 경향도 있어요. 모두 좋은 진로지만, 앞으로도 계속 좋을지는 알 수 없습니다. 왜냐하면 이러한 직업들은 모두 지금의 특정한 사회구조 아래에서 필요한 것들이기 때문입니다. 하루가 다르게 바뀌어 가는 세상에서 이러한 직업들이 앞으로도 계속 중요하고 인기 있는 직업으로 남아 있으리라고는 장담할 수 없습니다.

디지털 기술이 바꾼 일의 규칙

지금 우리가 쓰고 있는 스마트폰, 소셜 미디어, 검색 같은 기술들은 큰 조직에 속하지 않은 사람도 스스로 사회가 원하는 것을 만들고 그것을 필요로 하는 고객들을 만날 수 있게 해 줍니다. 페이스북이나 인스타그램의 인플루언서들 또는 유튜브 크리에이터들을 생각해 보세요. 크게 보면 이들도 일종의 연예인이라고 할 수 있습니다. 과거에 배우나 가수는 방송국이나 연예 기획사의 선택을 받아야만 될 수 있었어요. 하지만 유튜브 크리에이터나 트위치 게임 방송 스트리머들은 스스로 콘텐츠를 만들고 팬을 찾아낸 사람들이죠. 방송국이 아니라 유튜브나 페이스북, 인스타그램 등을 통해 자신을 좋아해 줄 사람을 찾은 것입니다.

인스타그램이나 네이버 검색 등을 적절히 활용해, 작은 가게를 전국에서 찾아오는 '핫 플레이스'로 만든 사례도 심심치 않게 볼 수 있습니다. 그럴듯하게 꾸며 놓아 손님은 많은데 맛은 별로 좋지 않은 식당과 카페도 많이 있긴 합니다만, 어쨌든 그들도 스스로의 역량으로 성공적인 결과를 일구어 낸 것이죠. 중요한 것은 자신이 잘하는 일 혹은 원하는 일을 찾고, 그것을 바탕으로 좋은 결과물을 만들고, 그 결과물이 맘에 들어 구매할 사람을 찾는 것입니다.

사실 이러한 점은 일반적인 사업이나 기업 활동과도 비슷합니다. 모든 것을 다 할 수도 없고, 모든 것을 잘할 수도 없죠. 자신이 잘하고 다른 이와 차별점이 있는 몇 가지에 집중해야 합니다. 그리고 그에 맞는 고객층을 찾아야겠죠. 삼겹살 가게를 한다면, 냉동 삼겹살을 들여와 싸게 팔거나 와인에 몇 주간 숙성시켜 비싸게 팔거나 해야 합니다. 냉동 삼겹살을 판다면 주머니가 가벼운 학생이나 간단히 회식하려는 사람을 겨냥해야 할 것이고, 고급 삼겹살을 팔려면 소비력이 좋은 직장인을 노려야 할 것입니다. 가게 입지나 인테리어, 상품 가격, 마케팅 전략 등도 이에 따라 다 달라집니다.

과거에는 이렇게 제품이나 서비스를 만들고, 고객층을 찾고, 이를 판매하는 것이 모두 까다롭고 돈이 많이 드는 일이었습니다. 제품을 만들려면 우선 큰 자본을 들여 공장을 지어야 했죠. 그다음 고객을 찾을 길도 막막했습니다. TV나 신문광고는 너무 비싸고, 자신의 제품이나 서비스의 주 고객층이 아닌 불특정 다수에게 전달되기 때문에 상대적으로 효과가 떨어집니다. 반대로 지

온라인 세계의 주인공이 되기 위해

역 배달 음식 안내 책자 같은 것은 적은 비용으로 진짜 고객층에게 전달될 수 있지만, 다른 지역으로 사업을 확장하거나 새 고객을 찾기는 어렵습니다.

디지털 기술의 발달은 이런 환경들을 많이 바꾸었습니다. 식당은 과거에 지역 배달 음식 안내 책자를 썼지만, 이제는 '배달의 민족'이나 '요기요' 같은 음식 배달 앱을 쓸 수 있습니다. 배달 앱을 쓰면 손님이 주변의 배달 가능 음식점을 한눈에 찾고 원하는 식당을 고를 수 있습니다. 사는 곳에서 거리가 좀 떨어져 있어도 배달 가능한 범위라면 주문을 할 수 있죠. 배달 앱이 나오기 전에는 아마 가까이에 있어 평소에 알던 식당에만 주로 주문했을 것입니다.

그리고 배달할 수 있는 음식의 종류도 늘어났어요. 예전에는 중국 음식이나 치킨, 피자 정도만 배달을 했습니다. 하지만 지금은 커피부터 삼겹살까지 배달 안 되는 음식이 거의 없습니다. 배달을 전문으로 하는 오토바이 기사들과 이들을 관리하는 배달 회사가 생겼기 때문이죠. 그래서 작은 식당이라도 음식이 맛있거나, 독특한 메뉴가 있거나, 온라인 마케팅을 잘한다면 성공 가능성이 충분히 생깁니다.

만화가나 소설가는 어떨까요? 예전에는 만화 잡지나 문예지의 선별 과정을 거쳐야 데뷔할 수 있었지만, 지금은 온라인 커뮤니티나 블로그에 자신의 작품을 올리고 소셜 미디어에서 홍보해 팬을 찾을 수 있습니다. 이름이 알려지면 광고나 스폰서 콘텐츠를 만들 수도 있고, 책을 출판하거나 굿즈를 만들어 팔 수도 있습니다. 웹툰이나 웹소설 사이트에서 자신의 작품을 연재하며 구독료를 받을 수도 있습니다.

소셜 미디어나 검색은 내가 만든 콘텐츠를 좋아해 줄 사람을 이전보다 쉽게 찾을 수 있게 해 줍니다. 나의 관심사나 나의 장점을 필요로 하는 사람을 찾을 수 있죠. 공중파 TV 드라마는 대부분 최대한 많은 사람이 공감할 만한 소재를 다룰 수밖에 없지만, 인터넷 세상에서는 나의 독특한 경험과 노하우, 관점, 콘텐츠에 관심 갖는 사람을 찾아낼 수 있습니다. 그런 사람이 어쩌면 우리나라가 아니라 멀리 동남아시아나 남미에 있을지도 모릅니다. 하지만 세계의 모두가 인터넷으로 연결되어 있으니 우리가 그런 사람들을 찾아갈 수 있고, 그들이 우리를 찾아낼 수도 있습니다.

방탄소년단이 처음 인기를 얻었던 과정을 생각해 보세요. 방탄소년단은 활동 초기부터 유튜브에 꾸준히 소소한 영상을 올렸고, 소셜 미디어 역시 적극적으로 활용했습니다. 그래서 남미나 유럽같이 생각지 못했던 곳에서도 팬덤이 자연적으로 생겨났죠. 소속사인 하이브의 방시혁 대표는 한 인터뷰에서 "방탄소년단은 데뷔 초부터 지속적으로 자신이 생각하는 바, 자신이 바라보는

디지털 기술을 활용한 적극적 소통으로 세계 각지의 팬들에게 다가간 방탄소년단

시대에 대한 이야기를 나눴다. 그것이 디지털라이즈된 매체를 통해 실시간으로 전 세계에 공유되며 오늘의 인기를 얻게 된 것 같다"라고 말하기도 했습니다.

진정한 팬 1,000명 찾기

예를 들다 보니 주로 창의적인 일을 하는 사람들의 이야기가 많아졌는데요. 사실 어떤 일이든 마찬가지입니다. 내가 어떤 일을 하건, 어떤 사업을 하건 자신의 경험과 실력을 쌓은 뒤 디지털 기술을 활용해 이를 잘 스토리텔링하고 알린다면 얻을 수 있는 기회와 가능성이 커질 것입니다.

내가 아이디어를 떠올린 새로운 물건을 실제로 만들어서 팔고 싶다면 어떨까요? 공장에서 실제 물건을 제조하는 것은, 디지털 콘텐츠를 만드는 것보다 어려운 일이기는 합니다. 하지만 요즘에는 인터넷을 통해 중국이나 인도 등지의 공장들을 상대적으로 쉽게 찾을 수 있고 낮은 비용으로 커뮤니케이션할 수 있기 때문에, 엄청난 초기 투자비가 있어야 시제품을 만들 수 있었던 예전과는 상황이 다릅니다. 디지털 기술이 제조업 같은 완전한 오프라인 비즈니스에까지 영향을 미치고 있는 것이죠.

이미 네이버 블로그에는 자신의 사업을 알리는 자영업자, 중소기업, 개인 사업자 등이 넘쳐납니다. 평범한 직장인이라도 자신이 업무를 하며 얻은 경험이나 지식을 공유한다면, 같은 업계에 있는 사람이나 비슷한 일을 시작하고 싶어 하는 사람들에게 도움이 될 수 있습니다. 많은 사람들이 내가 올린 정보의 도움을 받으면 나는 자연스럽게 그 분야의 작은 전문가가 될 수도 있죠. 소셜 미디어상의 친구나 팔로워, 구독자가 나의 장점을 알릴 좋은 통로가 될 수 있습니다.

미국의 IT 분야 언론인이자 작가인 케빈 켈리는 '1,000명의 진정한 팬'이라는 이론을 제시하기도 했습니다. 자기가 만들어 낸 모든 것(블로그 글이건 웹툰이건 수공예품이건 집수리 노하우건)을 구매할 의지가 있는 '진짜 팬' 1,000명만 있다면 이를 기반으로 생활할 수 있다는 것입니다. 이들 한 명 한 명이 10만 원 정도에 구매할 만한 무언가를 만들면, 1,000명이 이것을 구매하니 1억 원이 되는 것이죠. 단, 이들과 진정성 있게 교류해야 한다는 전제 조건이 있습니다. 이들 진정한 팬 1,000명은 또 주변 사람과 인터넷에 입소문을 내 고객층을 넓혀 줄 것입니다.

물론 진정한 팬 1,000명을 찾는 것이 쉬운 일은 아닙니다. 다른 사람이 꼭 사고 싶다는 생각이 들게 하는 무엇인가를 만드는 것도 어렵습니다. 하지만 적어도 내가 다른 조직이나 기업, 접근하기 어려운 유통망에 의존하지 않고 스스로의 길을 개척할 가능성이 열려 있는 것은 사실입니다.

이를테면, 공무원이 되어 엄격한 규정과 제약 속에서 큰 변화 없이 안정적으로 일하는 것과 자신이 뜻하는 바에 따라 새로운 도전을 하는 것 중 어느 쪽이 더 나은 삶이라고 단정할 수는 없습니다. 자신에게 맞는 삶을 선택하면 되는 것이죠. 하지만 혹시 가족 등 주변 사람이나 사회의 압력 때문에 그들이 생각하는 '정답 인생'을 살아가려 하고 있다면, 다시 한번 생각해 보기 바랍니다.

나만의 콘텐츠가
드넓은 시장과 만날 때

자신의 길을 개척하고자 할 때 중요한 것은 다른 사람이 모두 하는 것, 다른 곳에서 이미 하고 있는 것을 반복할 필요는 없다는 점입니다. 아니, 그것이 오히려 안 좋은 방향일 수도 있습니다. 여러분이 유명 연예인, 정치인, 학자, 작가가 되었거나 대기업에서 일반 대중을 상대로 사업을 해야 한다면 전체 대중 시장을 겨냥해 보편성을 따르는 편이 나을지 모릅니다. 하지만 대부분의 사람은 그렇지 않죠. 자신이 잘할 수 있는 것, 작더라도 남과 다른 나의 독특함에 집중하는 편이 낫습니다.

경제학에서는 이를 '비교 우위'라고 합니다. 교과서에서 배운 내용일 것입니다. A 나라와 B 나라가 있고, 각각 a와 b라는 제품을 만듭니다. 이때 A 나라가 더 역량이 있어 a와 b 모두 B 나라보다 많이 만들 수 있고(품질은 같다고 가정합니다), 생산량은 a가 b보다 2배 많다고 합시다. 그러한 상황에서도 A 나라는 a를, B 나라는 b를 각각 만들어 무역을 하는 편이 두 나라에 모두 이득이라는 것입니다. A가 둘 다 잘하니 둘 다 직접 만드는 것이 좋을 것 같지만, 실제로는 B 역시 상대적으로 잘하는 것을 하는 편이 낫다는, 어찌 보면 우리의 직관과 어긋나는 사실입니다.

다만 실제 세상에서는 시장에 대한 정보가 완전하지 않기 때문에, 즉 누가 어떤 제품에 어떤 강점을 갖고 있는지, 제품의 고객은 어디에 있고 어떻게 접촉할 수 있는지 등을 제한적으로만 알 수 있기 때문에 그와 같은 시장의 원리가 완전히 구현되긴 어렵습니다.

그런데 국경을 넘어 세계를 연결하는 인터넷은 무언가를 제공할 수 있는 사람과 그것을 필요로 하는 사람을 극히 효율적으로 연결할 수 있습니다. 검색하는 데는 돈이 들지 않기 때문이죠! 내가 가진 보잘것없어 보이는 지식이나 경험이라도 누군가에게는 꼭 필요할 수 있습니다. 예전에는 이런 사람들이 서로를 찾아 거래하기가 거의 불가능했지만, 이제는 다릅니다. 지금 당근마켓 앱에 한번 들어가 보세요. '이런 것까지?' 하는 물건들을 많이 볼 수 있을 것입니다.

인터넷과 정보 기술을 바탕으로 파는 사람과 사는 사람을 효과적으로 연결해 주는 디지털 공간을 흔히 플랫폼이라고 부릅니다. 기차나 지하철 역에 있는 승강장을 말하는 플랫폼과 같은 단어입니다. 철로 양옆으로 승객들이 차를 기다릴 수 있는 공간이죠. 여기에서 승객들이 열차를 타고 내리고, 오가는 승객들을 대상으로 여러 가게와 식당이 영업을 하기도 합니다. 인터넷 플랫폼 기업은 이렇게 필요한 것을 사려는 사람과 이들에게 팔려는 사람을 연결하는 기업을 말합니다.

당근마켓은 가까운 지역 안에서 자신에게 필요 없는 중고 제품을 팔려는 사람과 그것을 사려는 사람을 연결해 줍니다. 쿠팡이나 G마켓은 물건을 팔려는 상인과 고객을 연결해 줍니다. 네이버는 쇼핑이나 나들이를 위해 정보를 검색하는 사람들과, 검색 결과 페이지에 그들이 찾는 것과 연관된 상품을 광고하려는 기업이나 상점을 연결해 줍니다. 구글플레이스토어는 앱의 공급자인 개발자와 수요자인 스마트폰 사용자를 연결해 줍니다. 페이스북이나 인스타그램에서는 친구 관계를 통해 나를 알리고 나를 필요로 하는 사람을 찾아 교류할 수 있습니다. 디자인이나 프로그래밍 같은 일을 하는 프리랜서와 이런 일이 필요한 중소기업을 연결해 주는 인력 플랫폼도 있습니다.

이러한 연결은 국경과 지역, 시간의 경계를 넘어 세계 모든 사람들을 하나로, 매우 효율적으로 묶어 줍니다. 네이버, 구글, 메타, 애플, 쿠팡이 이렇게 큰 기업이 된 데는 다 이유가 있는 것이죠. 이처럼 정교하고 거대한 플랫폼은 사람들의 아주 작은 관심사나 필요까지 발견해 공급자와 수요자를 이어 줍니다. 당장 제품을 대량생산하거나 대대적으로 마케팅을 할 돈이 없더라도 내가 가진 장점, 나의 독특한 제품을 구매할 사람을 쉽게 찾을 수 있습니다. 세상은 진정 대량생산-대중 마케팅의 시대에서 맞춤 생산-직접 커뮤니케이션의 시대로 바뀌어 가고 있습니다.

디지털 기술이 삶을 바꾸어 놓았습니다. 단지 우리가 유튜브로 더 많은 영상을 볼 수 있고 페이스북으로 멀리 떨어진 친구와 더 편하게 연락할 수 있게 되었다는 것에 그치지 않습니다. 더 많은 기회가 열리고 있죠. 그 기회를 어떻게 잡고 활용할지가 앞으로 여러분의 삶에 매우 중요할 것입니다. 실감이 나지 않는다면 기억하세요. 지금도 누군가는 밥 먹는 모습을 중계하며 돈을 벌고 있다는 사실을요!

16장.

크리에이터의 시대

유튜브 크리에이터가 어린이들의 장래 희망 순위 상위권에 올라간 지 이미 꽤 되었습니다. 여러분도 모두 즐겨 보는 유튜브 채널이 있을 것입니다. 많은 구독자를 지닌 인기 유튜버는 유명 연예인 못지않은 인기를 누리며 월 수천만 원의 수익을 올리기도 합니다. 포브스코리아가 소셜 미디어 통계 사이트 소셜블레이드의 자료를 분석한 결과에 따르면, 2023년 최상위 30개 유튜브 채널의 추정 연 소득은 평균 100억 원입니다. 엄청나죠! 물론 일반적인 직장인 이상의 돈을 버는 유튜버는 극히 드뭅니다. 대부분

순위	채널	채널 유형	구독자 수 (만 명)	추정 연소득 (억 원)
▶ 2023 대한민국 파워 유튜버 (1~10위)				
1	구래	코미디	1040	544
2	장은비	게임	335	326
3	계향쓰(gh's)	게임	1320	262
4	팀일루션 노성율	스포츠	396	221
5	크레이지 그레빠	오락	1000	147
6	병아리언니	피플	591	147
7	윈정맨	테크	861	140
8	유백합	기타	375	119
9	진우와 해티	피플	465	112
10	푸디마마	기타	493	103

자료: 소셜블레이드(2023년 8월 기준)

어마어마한 수입을 자랑하는 최상위 유튜버들

의 채널이 수익을 전혀 내지 못합니다.

국세청의 발표에 따르면, 2020년 미디어 콘텐츠 창작 사업자 1,719명의 연 수익금은 총 1,760억 원이었습니다. 1인당 평균 1억 243만 원입니다(물론 촬영이나 편집 등에 들어간 경비는 빼야겠죠). 상위 유튜버일수록 수익은 훨씬 커집니다. 상위 10퍼센트 유튜버의 연 평균 수입은 5억 1,313만 원, 상위 1퍼센트의 연평균 수입은 12억 7,035만 원이었습니다. 매달 1억 원을 버는 셈입니다. 다만 이것은 국세청의 과세 대상이 되는, 즉 어느 정도 수익이 있는 유튜버들만 조사한 정보라는 것은 염두에 두어야겠습니다.

유튜버가 가장 많은 나라

유튜브의 인기가 유독 높아서인지 우리나라는 인구 대비 유튜버 수가 가장 많은 국가라고 합니다. 유튜브 관련 데이터를 분석하는 플레이보드라는 회사의 조사에 따르면, 2020년 기준 우리나라에서 광고 수익을 창출하는 유튜브 채널은 9만 7,934개라고 합니다. (구독자 1,000명, 연간 누적 시청 시간 4,000시간이 넘는 채널만 유튜브 광고가 들어가 수익을 얻을 수 있습니다.) 대략 우리나라 사람 529명당 1명이 유튜브로 돈을 번다는 이야기입니다. 하지만 유튜브로 큰돈을 번다는 사람을 주변에서 찾아보기는 쉽지 않습니다.

여러분의 꿈이 유튜브 크리에이터라면, 좋습니다. 다만 그것은 연예인이나 스포츠 스타가 되기를 꿈꾸는 것과 비슷하다고 할 수 있습니다. 도전하는 사람은 많지만 성공하는 사람은 소수이고, 소수의 성공한 사람과 그렇지 않은 사람의 형편이 하늘과 땅 차이입니다.

그러나 연예인이 되지 않는다 해도 연예인과 비슷한 마음가짐으로 사는 것은 때로 삶에 도움이 될 수 있습니다. 대중이 원하지 않으면 언제든 할 일이 없어지는 것이 연예인입니다. 다른 사람도 어느 정도는 마찬가지입니다. 각자 직장에서, 사업장에서, 가게에서 일을 통해 누군가 필요로 하는 가치를 만들고 그에 대한 대가로 돈을 버는 것이죠.

다만 연예인은 자신이 주는 가치가 거의 실시간으로 대중에게 평가받으며 그에 따라 보상을 얻거나 잊히는 속도가 빠른 반면, 대부분의 직장인은 그렇지 않습니다. 그래서 직장 생활을 오래 하다 보면 실제로는 가치 있는 일을 하지 못하면서도 자리를 유지하는 경우가 있을 수 있습니다. 나중에 그 사실을 깨달은 때는 이미 늦었겠죠. 내가 다른 사람들에게 어떤 가치를 주는지 늘 생각해 보면 어떨까요?

크리에이터 '처럼' 살기

비슷한 의미로, 우리는 이제 어느 정도는 크리에이터처럼 살아갈 필요가 있습니다. 지금 유튜브 채널을 개설하라는 이야기는 아닙니다. 혹은 소셜 미디어 활동에 모든 것을 걸라는 이야기도 아닙니다. 자신의 가치를 스스로 만들고 그 가치를 다른 사람들에게 줄 수 있어야 한다는 말입니다. 또 자신이 가진 역량과 장점을 다른 사람들에게 잘 알릴 수 있는 여건을 만들어 두어야 한다는 것이죠. 물론 자신의 자리에서, 일의 현장에서 최선을 다하는 사람은 주변으로부터 그러한 인정을 받습니다. 하지만 디지털 기술을 활용함으로써 다양한 사람과 교류하며 더 많은 것을 배울 수 있고, 더 많은 기회를 만들어 낼 수 있습니다. 그리고 이러한 일을 할 수 있는 공간과 도구를 지금 온라인 세상에서 얼마든지 찾을 수 있습니다.

자신만의 블로그나 유튜브 채널을 만들어 운영하거나 소셜 미디어를 잘 활용하는 것도 크리에이터처럼 사는 방법 중 하나입니다. 저는 본인의 관심사나 장래 희망에 따라 블로그를 해 볼 것을 적극 권합니다. 블로그가 아니라 유튜브 채널이 될 수도 있겠죠. 페이스북이나 인스타그램에 꾸준히 글을 써도 좋습니다.

형태는 무엇이든 좋습니다. 아는 것이나 배운 것을 정리하기 위해 글을 쓰다 보면, 자기도 모르게 생각이 정리되고 이해가 깊어지면서 조금씩 성장하게 됩니다. 이런 생각과 이해를 소셜 미디어 같은 곳에서 공유하며 마음이 맞는 사람이나 관련 분야 종사자들과 대화하다 보면 성장 과정이 더 풍부해집니다. 물론 온라인 공간에서 만나는 사람들에 대해서는 주의를 기울여야 하고, 이러한 교류가 무의미한 다툼이나 과도한 몰입으로 빠지지 않게 조심해야겠지만요.

유튜브에서 길을 찾은 개그맨들

저는 요즘 유튜브에서 활동하는 개그맨들을 보며 멋지다는 생각을 많이 합니다. 〈숏박스〉나 〈싱글벙글〉, 〈피식대학〉 같은 코미디 채널이 유튜브에서 굉장히 인기가 많습니다. 본래 우리나라 코미디는 KBS에서 방영하던 〈개그콘서트〉가 주도했고, 개그콘서트를 앞장서 이끄는 개그맨이 가장 인기 있는 개그맨이라 할 수 있었어요. 그런데 어느 순간 개그콘서트가 너무 재미없어졌습니다. 공중파 방송이라 다양한 제약이 있을 수밖에 없었고, 웃음을 일으키기 위해 쓰는 소재나 방법에 불편함을 느끼는 사람도 늘어났어요. 어쩌면 개그맨들이 그냥 인기와 지위에 안주했기 때문일 수도 있습니다. 시청률이 끝없이 추락한 끝에 개그콘서트는 결국 2020년 폐지되었습니다.

개그콘서트 폐지로 개그맨들은 무대를 잃었습니다. 갈 곳이 없었죠. 인기 있고 유명한 개그맨들은 다른 예능 프로그램에 나갈 수 있어 사정이 좀 나았지만, 수많은 무명 또는 조연급 개그맨들은 정말 막막했을 것입니다. 이런 무명 개그맨들이 모여든 곳이 바로 유튜브입니다. 이들은 공중파 방송에서는 활용하기 어려웠던 다양한 소재와 새로운 형식에 도전하면서 참신하고 재미있는 코미디 콘텐츠를 쏟아 냈습니다.

흥미로운 점은 개그콘서트를 주도하던 인기 개그맨들은 오히려 유튜브에서 힘을 못 쓰고 있다는 것입니다. 반면, '저런 사람이 있었나?' 싶은 개그맨들이 정말 기발한 아이디어와 연기로 웃음을 줍니다. 〈숏박스〉의 김원훈과 조진세, 〈싱글벙글〉의 김두현 같은 개그맨들은 모두 개그콘서트에서는 그다지 주목받지 못했었습니다.

이들은 생활 밀착형 공감 상황극, 사회에 대한 풍자 등 새로운 코미디를 계속해서 선보이고 있습니다. 과거 공중파 방송에서는 인정받지 못했어도 유튜브라는 플랫폼을 통해 스스로 하고 싶은 코미디를 짜고 그것을 좋아하는 사람들을 찾아내, 개그맨으로서 자신의 일을 계속 이어 가고 있습니다. 능력과 경험, 열정을 디지털 기술과 접목해 크리에이터로서 새로운 길을 찾은 것이죠.

더보기

진부한 이야기일 수 있지만, 앞으로는 여러분이 어떤 회사에 속해 있는가, 어떤 자격증을 갖고 있는가보다 다른 사람들을 위해 어떤 가치를 만들어 낼 수 있는가가 더 중요해질 것입니다. 오해하지 말아야 할 점은, 이것이 큰 조직이나 자격증의 가치가 갑자기 떨어졌기 때문은 아니라는 것입니다. 과거에는 수요와 공급을 찾아 연결하거나 역량이 있는 사람을 찾아내기가 쉽지 않았습니다. 정보를 투명하게 공개하기도, 정보에 접근하기도 쉽지 않았기 때문이죠. 그래서 큰 조직이 많은 돈을 들여 광고와 마케팅을 하고, 거대한 제조 시설과 유통망을 만들어야 했습니다.

하지만 이제는 인터넷과 정보 기술 덕분에 이런 장벽들이 많이 사라졌습니다. 기업, 정부 등 큰 조직이나 언론을 끼지 않고도 진짜 자신이 원하는 가치를 줄 수 있는 사람을 찾기가 더 쉬워졌습니다. 아무리 크고 좋은 회사라도 시장이 원하는 것을 제공하지 못하면 위험해지고, 개인이나 작고 가벼운 그룹으로 움직이더라도 시장의 수요에 맞출 수 있다면 기회를 잡을 수 있을 것입니다.

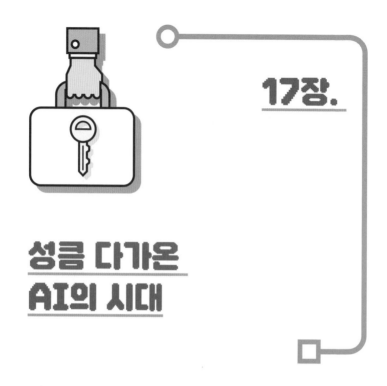

17장

성큼 다가온 AI의 시대

　요즘 가장 주목해야 할 변화 중 하나가 바로 인공지능^AI^의 상용화입니다. '챗GPT'라는 것이 등장해 엄청난 화제가 되었죠. 2016년 알파고가 바둑 기사 이세돌 9단을 이겼을 때도 정말 많은 관심을 모았는데, 기억하나요? AI는 그 후에도 꾸준히 발달해 이제 사람처럼 대화하고, 시와 소설을 쓰고, 파티 계획을 짜 주고, 회의 결과를 요약해 앞으로 해야 할 일을 리스트로 만들어 주기도 합니다. 미술 대회에 나가 입상할 만큼 빼어난 그림을 그리기도 하고, 음악을 스스로 작곡하기도 합니다. 프로그램도 스스로 코

생성형 AI의 본격적인 상용화를 알리며 온 세상의 주목을 받은 챗GPT

딩해 만들 수 있습니다. 멀게만 느껴지던 AI의 시대가 성큼 가까이 다가온 듯합니다.

챗GPT와 생성형 AI

챗GPT는 미국의 인공지능 개발 기업 오픈AI가 2022년 말 선보인 대화형 AI 모델입니다. 사람이 대화하듯 자연스럽게 채팅하며, 묻는 말에 그럴듯하게 대답해 줍니다. "열 살 된 우리 아들 생일 파티를 하려 하는데 필요한 걸 알려 줘."라고 하면 파티 계획

초안을 짜 주고, "삼성전자의 2020년 분기별 매출을 알려 줘."라고 하면 정확히 수치를 찾아서 알려 줍니다. "페이스북에서 알게 된 외국인 친구와 함께 메소포타미아문명의 숨겨진 비밀을 찾아가는 이야기를 만들어 봐."라고 해 보세요. 상당히 그럴듯한 이야기를 만들어 보여 줄 것입니다.

도대체 챗GPT는 어떻게 이렇게 사람처럼 행동할 수 있는 것일까요? 챗GPT는 역시 오픈AI가 만든 'GPT'라는 초거대 자연어 처리 모델에 바탕을 두고 있습니다. 오픈AI는 2018년에 GPT의 첫 버전을 발표했고, 이후 꾸준히 업데이트를 지속해 2023년 4월 GPT-4까지 발표했어요. 챗GPT는 GPT-3.5를 기반으로 대화 기능을 강화해서 일반 대중에 공개한 것입니다. 챗GPT가 급작스럽게 화제가 되기는 했지만, 사실 챗GPT의 기반은 GPT가 처음 나온 2018년 전후에 이미 만들어지고 있었던 것이죠.

시를 쓰고 보고서를 작성하고 수학 문제를 풀기도 하지만, GPT는 문서 작성기나 계산기는 아닙니다. GPT가 하는 일을 아주 간단히 설명하자면 '다음에 올 단어를 정확히 예측하는 것'이라고 할 수 있습니다. 이런 문장이 있다고 생각해 보세요. "페이스북을 사용할 때는 (   )를 (   )하지 않도록 주의해야 한다." 여기서 괄호 안에 들어갈 적당한 표현은 무엇일까요? 굉장히 많은 선택지가 있습니다. "'개인 정보'를 '노출'하지 않도록"이라는 말이

들어가면 적절해 보입니다. "'많은 시간'을 '낭비'하지 않도록"은 어떨까요? 이것도 그리 나빠 보이지는 않습니다. 하지만 "'피아노'를 '조롱'하지 않도록"이라는 말이 들어가면 정말 어색할 것입니다.

자연어 처리 모델은 사람이 일상적으로 사용하는 말과 글을 다루는 인공지능 모델을 말합니다. GPT와 같은 자연어 처리 모델은 인간이 만들어 낸 수많은 언어와 문장을 학습하고, 이를 바탕으로 하나의 단어가 주어졌을 때 그 다음에 들어가기에 가장 적합한 단어를 고릅니다. 이렇게 해서 때로는 이야기를, 때로는 보고서를 쓰고 코딩, 즉 컴퓨터의 언어를 사용하는 일을 할 수 있는 것이죠.

GPT-3의 경우, 인터넷에서 수집한 4,990억 개의 텍스트 데이터를 학습했다고 합니다. 인기 있는 대형 온라인 커뮤니티나 블로그, 각종 웹 사이트, 학술 페이지 등 인터넷에서 접근 가능한 거의 모든 곳에서 데이터를 학습한 셈입니다. 학습에 쓰인 매개변수는 1,750억 개였다고 합니다. 매개변수란 하나의 입력값이 주어졌을 때 가장 적절한 값을 출력하기 위해 고려해야 하는 변수를 말합니다. 이 매개변수가 많을수록, 그리고 학습한 텍스트 데이터가 많을수록 AI의 성능은 좋아집니다.

비슷한 방법을 써서 그림을 그리거나 음악을 만드는 인공지능도 있습니다. 오픈AI는 GPT 말고도 'DALL-E'라는 AI 모델 역시 선보인 바 있는데, 이 모델은 글자로 입력된 요구 사항을 보고 그에 해당하는 이미지를 만들어 냅니다. 예를 들어 "아보카도 의자를 그려 줘."라고 글로 입력하면, 아보카도 모양의 의자를 여러 개 그려 냅니다. "석양이 지는 벌판에 토끼들이 앉아 있는 모습"이라는 문구를 입력하면, 햇빛에 따른 토끼의 그림자까지 정확하게 그려 줍니다. 텍스트와 이미지를 함께 학습한 덕분이죠. '미드저니'라는 이미지 AI로 그린 그림이 미술 대회에서 대상을 받았다는 기사를 읽어 본 친구도 있을 거예요.

이렇게 사람이 글을 쓰고 그림을 그리듯 무언가를 만들어 낸다는 의미에서, 이와 같은 인공지능을 '생성형 AI Generative AI'라고 부릅니다. 이미 텍스트와 이미지 분야에서는 사람을 능가하는 수준에 이르렀고, 음악이나 영상을 만들어 내는 AI도 속속 등장하고 있습니다.

이전까지의 AI는 각각 하나의 기능에 특화되어 있습니다. 알파고는 이세돌 9단을 이길 정도로 바둑을 잘 두지만, 다른 일은 하지 못합니다. 각각 페이스북 타임라인에 우선적으로 노출할 포스트를 추천하거나, 스타크래프트를 하거나, 엑스레이 사진을 보고 질병이 있는지 판단하는 한 가지 일만 합니다. 하지만 이제는 사람처럼 다양한 텍스트와 이미지를 생산하는 생성형 AI가 나타나기 시작했습니다. 이것이 사람처럼 생각하는 인공지능, 이른바 '일반 인공지능'이나 '강한 인공지능'으로 가는 첫걸음이라고 말하는 사람들도 있습니다.

이제 검색도 창작도 AI가 대신?

챗GPT와 같은 생성형 AI는 정보를 찾고 일을 하는 방식을 완전히 바꾸어 놓을 잠재력이 있습니다. 지금 우리는 무언가를 알고 싶을 때 네이버나 구글에서 검색을 합니다. 검색을 하면 그와 관련된 웹 페이지들이 결과 목록에 쭉 뜨고, 우리는 이 페이지들을 살펴보며 원하는 정보를 찾습니다.

하지만 생성 AI가 검색에 접목되면, 이제 입력한 검색어에 대해 AI가 바로 필요한 정보들을 정리해 알려 줄 수 있게 됩니다. 이미 마이크로소프트의 인터넷 브라우저 '빙'에 GPT 기술이 접목되어, 이런 식으로 원하는 정보를 얻을 수 있습니다. 아직 완전히 정확한 결과를 보여 주는 수준에 이르지는 못했지만, 그래도 원하는 정보를 찾는 과정을 매우 간단하고 빠르게 만들어 줄 수 있습니다.

어떻게 보면 네이버 지식인에서 얻을 수 있는 대답을 인공지능이 해 주는 셈입니다. 지식인은 사람들이 올린 질문에 대해서 관련 지식이 있는 사람이 직접 답해 주는 서비스입니다. 검색 결과에 나온 여러 사이트들을 찾아다닐 필요 없이, 다른 인터넷 사이트에서 찾기 힘든 다양한 정보들을 사람이 직접 정리해 알려 주기 때문에 매우 편리했고, 지식인은 네이버 성장의 원동력이 되었습니다. 그런데 이제는 챗GPT 같은 AI가 그 역할을 대신할 수 있는 것이죠.

글을 쓰거나, 그림을 그리거나, 일을 할 때도 생성형 AI는 유용합니다. 르네상스 시대 인물화에 대해 조사하는 숙제를 해야 한다고 생각해 봅시다. 지금까지는 책과 자료를 읽고 인터넷을 검색해 얻은 결과들을 바탕으로 내용을 파악하고, 다시 머리를 써서 목차를 구성해 보고서를 써야 했어요.

하지만 앞으로는 챗GPT에 "르네상스 시대 인물화의 변천 과정을 레오나르도 다빈치의 작품 중심으로 설명해 줘."라고 입력해서 대강의 결과물을 얻어 낼 수 있습니다. (그래서 학교와 교육계에서 GPT와 같은 인공지능의 등장에 바짝 긴장하고, 이를 어떻게 활용하도록 지도할 것인가 고민하고 있기도 하죠.) 이 결과물의 내용을 검증하고 부족한 부분을 보강하는 등의 과정이 필요하겠지만, 적어도 기초 자료를 조사하고 보고서의 초안을 만드는 데 드는 시간을 크게 단축할 수 있을 것입니다.

다빈치의 르네상스 예술

December 8, 2023

Anonymous
르네상스 시대 인물화의 변천 과정을 레오나르도 다빈치의 작품 중심으로 설명해줘

ChatGPT
르네상스 시대는 14세기 후반부터 17세기 초까지 이탈리아를 중심으로 유럽에서 발전한 예술과 문화의 황금기였어. 이 시기에는 인문주의적인 사고가 강조되며 과학, 예술, 문학 등 여러 분야에서 혁신이 일어났어. 레오나르도 다빈치는 이 중에서도 다재다능한 예술가로 알려져 있어.

다빈치는 15세기와 16세기에 이탈리아를 중심으로 활동했고, 그의 작품들은 르네상스 예술의 특징을 잘 보여줘. 그의 대표작 중 하나인 "만원의 소년"은 그의 예술적 발전을 살펴보는 데 도움이 돼. 이 작품은 그림의 조형적 특성과 깊이감, 색채 사용 등에서 르네상스 예술의 특징을 잘 나타내고 있어.

다빈치의 초상화는 모더니즘 이후의 예술에 큰 영감을 주는데, "죠콘다"와 "지오콘다" 같은 작품들은 입체적인 조형과 미적인 아름다움을 강조하여 르네상스 시대의 예술적 가치를 부각시켰어. 이와 함께 다빈치는 인체 해부학적 연구에도 많은 시간을 투자하여 인체의 정확한 묘사를 통해 예술에 과학적인 요소를 통합했어. 이것이 르네상스 시대 예술의 특징 중 하나로 꼽히기도 했어.

그의 작품을 통해 보면, 레오나르도 다빈치는 예술과 과학, 철학 등 다양한 분야에 걸친 지식과 관심을 바탕으로 혁신적인 예술을 창조한 거야. 그의 예술은 르네상스 시대의 다양한 흐름을 반영하면서도 그만의 독특한 특징을 지니고 있어.

챗GPT에게 질문 하나만 던지면 5초 만에 보고서 초안이 완성된다.

이미 최신 AI는 답장해야 하는 이메일의 초안을 대신 작성해 주거나, 워드프로세서 문서에 적힌 글과 스프레드시트의 데이터를 보고 자동으로 프레젠테이션 자료를 만들 수 있는 수준에까지 이르렀습니다. 어떤 슬라이드에 어떤 느낌의 이미지를 추가해 달라는 명령도 할 수 있죠. 아니면 복잡한 매출 추이를 담은 스프레

드시트를 보고 중요한 추세를 요약해 달라고 할 수도 있어요.

마이크로소프트와 구글은 여러분도 많이 쓰는 오피스 프로그램에 곧 이런 기능들을 넣을 예정입니다. 홍보 마케팅 문구는 텍스트를 작성하는 생성형 AI에 맡기고, 광고 시안에 필요한 이미지나 디자인 작업은 이미지 생성 AI에 맡기면 어떨까요? 이미 이런 AI 기술을 가진 기업들이 나오기 시작했습니다. 전자 상거래 사이트의 상품 정보와 상세 이미지를 읽어 들여 스스로 상품 소개 영상을 만드는 AI도 있어요. 상품의 홍보 마케팅 업무 전반을 단 몇 사람이 담당하게 될 수도 있다는 의미입니다.

이러한 AI가 완전히 자리를 잡으면 앞으로 더 적은 사람이 더 적은 시간을 들여서 더 많은 일을 할 수 있게 될 것입니다. 그런데 이는 반대로 그만큼 사람이 덜 필요해서 일자리가 줄어들 수 있다는 이야기이기도 합니다. 특히 우리가 전문직이라고 생각하는 일, 어려운 전문 지식이 필요한 일이 오히려 AI의 영향을 더 크게 받을 것 같습니다.

변호사와 개발자가 일자리를 빼앗긴다고?

대표적으로 변호사의 법률 업무를 생각해 볼 수 있습니다. 변호사는 '문과' 학생들이 될 수 있는 최고의 전문직 중 하나로 꼽히죠. 법률 업무는 복잡한 법률과 규칙, 판례, 그리고 그에 대한 해석에 따라 이뤄집니다. 법규와 판례는 모두 명확하게 문서로 규정되어 있고, 잘 정리되어 데이터베이스로 만들어져 있습니다. 일정한 수준으로 정형화된 문서들이 충분히 많이 있다면 인공지능이 쉽게 학습해 업무를 할 수 있습니다.

2022년 말 법률 분야에 특화된 생성형 AI 도구 '하비 Harvey'를 도입한 영국의 대형 로펌 '알렌앤오버리 Allen & Overy's'의 사례를 볼까요? 하비는 오픈AI가 투자한 스타트업 기업의 AI로, 변호사 업무를 돕기 위해 GPT 기술을 이용해 개발한 도구입니다. 법률의 조항에 대한 간단한 질문에 답하거나 법률 문서 초안을 작성하는 등의 일을 할 수 있는 '법률판 챗GPT'인 셈입니다. 간단한 시범 사업으로 도입했는데 곧 큰 인기를 얻기 시작해, 이제는 이 로펌의 43개 지사에서 3,500명의 변호사들이 사용하고 있다고 해요.

법 조항 검색과 문서 초안 작성 등은 대개 로펌의 신입 변호사가 하는 일들입니다. 초년생일 때는 주로 법조문을 뒤지고 판례를 찾는 등의 지루하고 반복적인 일을 하며 선임 변호사들을 보조하는 역할을 하게 됩니다. 그러면서 경험을 쌓아 더 중요한 결정을 하는 자리로 올라가는 것이죠. 그런데 이런 것들은 AI가 훨씬 빠르고 효율적으로 잘할 수 있는 성격의 일들입니다. 다시 말해, 로펌 입장에서 보면 신입 변호사를 덜 뽑고도 AI로 더 많은 일을 할 수 있다는 이야기입니다. 많은 경험과 실력을 쌓아 중요한 결정을 내리는 고급 변호사의 중요성은 AI 시대에도 변함없이 아주 크겠지만, 로스쿨을 갓 나온 변호사가 경력을 쌓고 그러한 수준에 도달하기 위해 로펌에 들어가기가 어려워질 수 있습니다.

소프트웨어를 만드는 프로그래머도 AI의 영향권 안에 들어왔습니다. 요즘 소프트웨어 개발직의 인기가 매우 높고 대학에서도 컴퓨터공학을 전공하려는 학생이 많습니다. 디지털 기술의 시대이니 당연한 일이죠. 그런데 프로그램을 짜는 일, 즉 코딩이란 결국 사람이 컴퓨터가 알아들을 수 있는 언어로 명령을 내리는 작업이라고 할 수 있습니다. 컴퓨터 언어는 가장 깊숙한 기저에서는 0과 1의 이진법으로 표현되지만, 실제 프로그래밍을 할 때는 비교적 사람의 언어와 비슷한 형태의 논리적 언어로 변환되어 표현됩니다. 자연어 처리 AI가 잘 해낼 수 있는 영역입니다.

게다가 소프트웨어 코드들은 대개 '깃허브GitHub' 같은 개발 관련 웹 사이트들에 공유되어 있어, 개발자들은 필요할 때마다 검색을 통해 원하는 코드를 찾아 참고할 수 있어요. 모든 것을 처음부터 완전히 새로 시작하는 경우는 드물고, 이렇게 다른 사람의 앞선 작업을 참고해 활용함으로써 효율을 높이는 것이죠. 또 자신이 짠 코드를 인터넷에 공유해, 나중에 스스로 재활용하거나 프로젝

온라인 세계의 주인공이 되기 위해

트에 새로 합류한 후임자가 활용할 수 있도록 하기도 합니다.

코드 역시 법률 문서와 마찬가지로 논리적인 언어로 작성되고, 충분히 잘 정돈된 상태로 데이터베이스화되어 인터넷에서 학습하기 용이합니다. 즉 AI가 좋은 성과를 보이기에 알맞은 분야라는 것이죠. 변호사의 경우와 마찬가지로 이 분야에서도 능력 있는 고급 소프트웨어 개발자의 역량은 계속 중요하겠지만, 신입 수준 개발자는 그렇게 많이 필요하지 않게 될 수 있어요.

GPT 같은 대형 AI 모델이 노동 시장에 어떤 영향을 미칠지 오픈AI가 직접 분석해서 발표한 자료가 있습니다. 이에 따르면 미국 근로자 80퍼센트의 담당 업무 중 적어도 10퍼센트가 AI의 영향을 받게 될 것으로 예측되죠. 19퍼센트의 인력은 기존 업무의 50퍼센트 이상이 AI의 영향을 받을 것이라고 하고요. 이 정도면 전체 근로자 5명 중 1명은 AI 때문에 일자리에 심각한 위협을 받는다고 봐야 하죠. 고소득 직종일수록, 소프트웨어를 많이 활용하는 업종일수록 영향은 더 클 것 같다고 합니다. 출판, 회계, 언론 등도 많은 영향을 받을 분야로 꼽혔습니다.

18장.

AI를 마주하는 우리의 자세

컴퓨터 소프트웨어나 인공지능의 발달에 대응해 사람은 보다 창의적인 일, '인간만이 할 수 있는 일'을 해야 한다는 이야기를 많이 들었을 것입니다. 확실히 중요한 말이지만, 한편으로 창의성이나 인간 본연의 일이라는 것이 정확히 무엇인지 규정하기가 점점 어려워지고 있습니다. AI가 만들어 낸 그럴듯한 소설이나 멋진 일러스트를 보세요. 여러분도 그만큼 잘 쓰거나 그릴 수 있나요? 지금까지 글이나 그림은 기계가 아닌 사람의 영역으로 여겨졌지만, 사실은 단지 기계가 아직 충분히 발전하지 않았던 것뿐

일 수도 있습니다. 마치 얼마 전까지 우리가 바둑은 컴퓨터가 하기에는 너무 복잡한 게임이라고 생각했던 것처럼 말이죠.

하지만 사람만 하던 일을 대신 하는 기계가 나타난다고 해서 모든 사람이 곧 일자리를 잃어버릴 것이라고 비관할 필요는 없습니다. 예전에는 계산도 사람만이 할 수 있는 일이었습니다. 지금은 만 원이면 살 수 있는 탁상용 계산기도 사람보다 훨씬 숫자 계산을 잘합니다. 앞에서 다룬 필경사를 생각해 보세요. 이제는 대부분 의무교육을 받아 읽고 쓸 줄 압니다. 그렇지만 계산기나 초등학교가 사람들의 일자리를 빼앗지는 않았죠. 더 많은 일과 기회를 만들었습니다. 계산하는 사람이 아니라 계산기를 이용해 일을 하는 사람이 되어야 하는 것입니다.

맥락을 이해하고
진짜 정보를 구별하는 능력

이제 글이나 그림을 만들어 내는 기계를 도구로 사용할 수 있게 되었습니다. 아직은 기능이 제한적이지만, 곧 지금의 인터넷 검색처럼 AI를 사용하게 될 것입니다. 계산기가 계산을 대신 해 주었듯, 엑셀이 그래프를 대신 그려 주었듯, 파워포인트가 종이에 차트를 직접 그릴 필요가 없게 만들어 주었듯, 이제 AI가 문서의 초안을 반복적으로 작성하거나 슬라이드에 들어갈 이미지를 찾아 헤매지 않아도 되게 만들어 줄 것입니다. 항상 숙제의 첫 줄을 쓰기가 가장 힘들고, 목차를 만드는 것이 가장 어렵죠. 챗GPT와 같은 AI는 인간이 이 고통스러운 단계를 쉽게 건너뛰고 보다 창의적인 가능성을 다양하게 실험할 수 있도록 도와줄 것입니다.

문제는 이렇게 AI가 만들어 낸 콘텐츠들을 우리가 어떻게 검증하고 평가할 수 있는가 하는 것입니다. 사실 이런 문제는 생성형 AI의 등장 이전에도 마찬가지로 존재했습니다. 지금도 네이버 지식인에 누군가가 올려놓은 답변이 정확한 근거가 있는 것인지 판단하는 일은 지식인을 사용하는 우리의 몫입니다. 페이스북이나 유튜브에 올라오는 수많은 글과 영상이 가짜 뉴스가 아닌지 직접 잘 살펴보아야 합니다. 사람이 만든 콘텐츠 중에도 당연히 우리를 속이는 내용이 많고, 소셜 미디어를 통해 잘못된 정보, 편향된 주장은 거침없이 퍼져 나갑니다.

성큼 다가온 AI의 시대에 정보를 접하는 일은 더욱 조심스러워야 할 것입니다. 일일이 여러 웹 페이지들을 다니며 사실을 검증하거나 직접 고민해 판단하기보다는 그냥 우리의 질문에 AI가 내놓은 그럴듯한 답을 편히 받아들이고 싶은 유혹을 이기기 힘들 것입니다. 마치 초등학생 때 네이버 지식인의 한 답변을 그대로

온라인 세계의 주인공이 되기 위해

옮겨 적어 숙제를 한 것처럼 말이죠.

게다가 누군가 AI로 마치 진짜처럼 그럴듯해 보이는 가짜 정보, 가짜 이미지를 만들어 퍼뜨리는 일도 늘어날 것입니다. 개발자 측은 AI로 가짜 콘텐츠를 만들지 못하도록 여러 제약을 두겠지만, 이를 피해 나갈 방법도 얼마든지 발견된 것입니다. 이미 미국에서는 트럼프 전 대통령이 길거리에서 경찰에 쫓기다 체포되는 장면을 담은 생생한 이미지가 인터넷에 돌면서, 그가 경찰에 붙잡혔다는 소문이 퍼지는 일도 있었습니다. 사실 이것은 AI가 만든 가짜 이미지였는데요. 마치 진짜 언론 보도용 사진처럼 또렷하고 생생해서 많은 사람들이 속아 넘어갔습니다. 우리가 앞장에서 이야기한 가짜 뉴스가 훨씬 정교하고 교묘해지는 것이죠. 게다가 AI는 사람과 달리 쉬지 않고 대량의 가짜 정보를 만들어 퍼뜨릴 수 있습니다.

이런 상황에서는 진짜 정보와 가짜 정보, 유의미한 자료와 그렇지 않은 잡음을 구분하는 능력이 더욱 중요해집니다. 눈앞에 보이는 것들을 비판적으로 검토하고 스스로 판단할 수 있어야만 여러 폐해에 휩쓸리지 않고 똑바로 AI를 이용할 수 있습니다. 마치 소셜 미디어에 떠도는 온갖 정보 중 옥석을 잘 가릴 안목이 있어야 이를 잘 활용할 수 있는 것과 같습니다.

앞서 소개한 생성형 AI와 일자리의 미래에 관한 오픈AI의 논

실제 사진과 구분이 어려운 수준의 AI 생성 이미지

문에는 이런 내용도 나옵니다. 언론이나 글쓰기 관련 직업, 프로그래밍 관련 직업은 AI의 등장에 큰 영향을 받겠지만, 과학이나 비판적 사고력에 기반한 작업을 하는 사람들은 영향을 덜 받을 것이라는 예측입니다. (물론, 육체노동이나 기계 조작 및 수리 등의 업종은 AI의 영향을 거의 받지 않을 것으로 전망됩니다.) AI는 그럴듯한 말이나 이미지를 만들어 낼 수는 있지만, 스스로를 돌아보거나 직접 문제점을 느끼며 개선 방향을 찾아 가기는 어렵기 때문입니다.

또 하나 중요한 점은 우리가 AI의 희생양이 되어서도 안 되지만, AI를 악용하는 사람이 되어서도 안 된다는 것입니다. 온라인 커뮤니티나 포털 사이트에 누군가를 겨냥한 악플을 달거나 가짜 뉴스를 퍼뜨려서는 안 되는 것, 다른 사람의 창작물을 베껴 자기 것처럼 속여서는 안 되는 것과 마찬가지로요.

　　최근 유튜브에서는 모 유튜버가 다른 인기 유튜버들의 영상을 섬네일과 카피 문구까지 거의 똑같이 베껴 가며 채널을 키운 사실이 드러나 문제가 된 적이 있습니다. '리뷰엉이' 같은 유명 과학 유튜버들이 애써 만든 콘텐츠를 마구 베껴 찍어 낸 대량의 영상들을 빠른 속도로 업로드한 것입니다. 이때 다른 영상의 스크립트나 섬네일, 문구 등을 가져오는 작업에 AI가 활용됐습니다. 창작 과정 없이 다른 사람의 콘텐츠를 그대로 가져오고, 거기에 더해 AI까지 쓰니 더욱 쉽고 빠르게 영상을 올릴 수 있었죠. AI가 콘텐츠 제작에 그릇된 방식으로 쓰인 사례라 할 수 있습니다. 결국 논란이 불거지면서 문제의 유튜버는 사과문을 올리고 영상을 모두 삭제했습니다. AI는 크리에이터가 더 좋은 콘텐츠를 만드는 데 유용한 도구가 될 수 있지만, 자칫하면 이렇게 저작권법이나 창작 윤리에 어긋나게 쓰일 수도 있습니다.

정답 맞히기보다 좋은 질문을 던지는 능력

AI가 본격적으로 보급되기 시작하면, '정답보다 질문이 중요하다'는 진리가 더욱 뼈저리게 다가올 것으로 보입니다. 짧은 시간 안에 많은 문제의 정답을 맞히도록 하는 우리나라의 교육 방식에 대해서는 이미 많은 사람들이 문제를 제기해 왔습니다. 호기심을 가지고 근본적인 문제에 대해 질문을 던지며 탐구하도록 이끄는 교육은 이루어지지 못하고, 시험 문제를 빠르게 풀어 정답을 잘 맞히는 순서대로 줄을 세우는 입시 위주 교육만 이루어진다는 비판입니다.

이런 문제의식은 인터넷과 스마트폰이 보급되면서 더욱 심화되었습니다. 언제 어디서나 검색만 하면 세상의 거의 모든 지식에 접근할 수 있는 시대인데, 굳이 그러한 지식을 얼마나 많이 머릿속에 넣어 두었나를 따지는 교육이 지금의 변화한 현실에 맞지 않는다는 주장은 상당한 설득력이 있습니다. 이제 '정답을 잘 맞히는 사람'보다 '적절한 질문을 할 수 있는 사람'을 키워야 한다는 것이죠.

남들이 개발한 자동차를 더 싸고 더 좋게 개선하는 것도 좋은 일이지만, '이런 자동차가 최선일까?', '이러이러한 불편을 해결할 수단은 없을까?'라는 질문을 진지하게 파고든다면 지금까지 남들이 만들어 놓은 것과 전혀 다른 교통수단을 만들어 낼 수도 있을 것입니다. 진짜 근본적인 문제, 해결해야 할 문제를 찾아내는 것이 중요합니다. '왜 사과는 땅에 떨어질까?'란 질문에 '중력 때문'이라는 답을 제시하는 것도 중요하지만, 애초에 그와 같은 질문 자체를 떠올리는 능력이 더 큰 문제를 해결하기 위한 밑바탕이 됩니다. 아이작 뉴턴은 바로 그 질문을 할 수 있었기 때문에 만유인력을 발견하고 고전물리학의 기초를 놓은 과학자가 된 것이죠.

챗GPT와 같은 생성형 AI가 등장하며 이는 더더욱 중요한 이야기가 되었습니다. AI가 이제는 아예 일상의 언어로 질문과 대답을 주고받는 방식으로 작동하기 때문입니다. 이 같은 생성형 AI를 잘 활용하려면 무엇보다도 구체적이고 적절한 질문을 제시할 수 있어야 합니다.

어떤 명령을 어떻게 내리는지에 따라 결과물은 크게 달라집니다. 원하는 결과를 바로 얻지 못하더라도, 표현을 조금씩 바꿔가며 계속 질문하면 훨씬 유용한 답을 제시하는 경우가 많습니다. 예를 들어, "페이스북을 잘 쓰는 방법은 무엇이 있을까?"라는 질문보다는 "네가 고향에서 멀리 떨어진 곳으로 이사 갔다고 생각하고, 예전 친구들과 계속 관계를 이어 가기 위해 페이스북을 활용하는 방법에 대해 알려 줘."라는 질문이 보다 적절한 답을 끌어낼 것입니다.

이렇게 원하는 결과물을 얻기 위해 AI에게 내리는 명령을 '프롬프트prompt'라고 합니다. 어떤 말이나 생각을 끌어내기 위해 제시되는 자료를 뜻하는 단어죠. 뉴스 진행자나 콘퍼런스 발표자는 시청자나 관객의 눈에 보이지 않게 설치된 스크린으로 대본을 보며 자연스럽게 프로그램을 진행하는데, 이런 보조 도구를 '프롬프터'라고 합니다. 조선 시대에 문인들이 모인 자리에서 서로 시를 짓기 위한 주제를 던져 주던 것도 프롬프트를 제시해 주는 행동입니다.

질문을 잘한다는 것은 결국 자신이 원하는 정보가 무엇인지, 모르는 것은 무엇인지 잘 안다는 것입니다. 새로운 것을 배우고 성장하기 위한 첫걸음이죠. 또 자신이 하고 싶은 일이 무엇인지, 자신의 목표가 무엇인지를 잘 안다는 의미이기도 합니다. 자신이 알고, 모르고, 원하는 것을 파악하는 능력은 스스로에 대해, 또 해야 할 일에 대해 많이 생각하고 고민해 왔음을 보여 주는 것입니다. 마치 취재원에 대해 많이 공부하고 연구한 기자, 자신이 무엇을 위해서 기사를 써야 하는지 잘 아는 기자가 그렇지 않은 기자에 비해 인터뷰에서 더 좋은 질문을 하고, 결과적으로 더 좋은 대답을 끌어낼 수 있는 것과 비슷합니다.

AI에게 좋은 질문을 던질 수 있다면, AI를 훨씬 유용하게 활용하고 더 많은 일을 해낼 수가 있을 것입니다. 나아가 AI에게 좋은 질문을 던질 수 있는 사람은 다른 사람에게도, 그리고 세상에도 좋은 질문을 던질 수 있습니다. 여러분이 던질 바로 그 질문이 세상을 바꾸는 첫걸음이 될 수 있습니다.

13쪽   Friman/Wikimedia

16쪽   24Novembers/Shutterstock

21쪽   Birgit Reitz-Hofmann/Shutterstock

34쪽   mundissima/Shutterstock

41쪽   JHVEPhoto/Shutterstock

45쪽   연합뉴스

51쪽   Comparitech/Statista

59쪽   LookerStudio/Shutterstock

64쪽   BEST-BACKGROUNDS/Shutterstock

66쪽   Instagram 화면 캡처

72쪽   AlexandraPopova/Shutterstock

79쪽   Covington, P., Adams, J., & Sargin, E. (2016). Deep Neural Networks for
            YouTube Recommendations. *Proceedings of the 10th Conference on
            Recommender Systems(RecSys '16)*. ACM. p.192.

93쪽   Google 화면 캡처

100쪽   Nikelser Kate/Shutterstock

113쪽   Mr.Chalieaw Sampoogote/Shutterstock

114쪽   Atmosphere1/Shutterstock

119쪽   Public domain/Wikimedia

북트리거 일반 도서

북트리거 청소년 도서

디지털 호신술
선 넘는 온라인 세계에서 내 프라이버시를 지키는 법

1판 1쇄 발행일 2024년 1월 15일

지은이 한세희
펴낸이 권준구 | 펴낸곳 (주)지학사
본부장 황홍규 | 편집장 김지영 | 편집 양선화 김승주 공승현 명준성
책임편집 명준성 | 디자인 스튜디오진진 | 인포그래픽 김상준
마케팅 송성만 손정빈 윤술옥 박주현 | 제작 김현정 이진형 강석준 오지형
등록 2017년 2월 9일(제2017-000034호) | 주소 서울시 마포구 신촌로6길 5
전화 02.330.5267 | 팩스 02.3141.4488 | 이메일 booktrigger@naver.com
홈페이지 www.jihak.co.kr | 포스트 post.naver.com/booktrigger
페이스북 www.facebook.com/booktrigger | 인스타그램 @booktrigger

ISBN 979-11-93378-09-0 43300

북트리거

트리거(trigger)는 '방아쇠, 계기, 유인, 자극'을 뜻합니다.
북트리거는 나와 사물, 이웃과 세상을 바라보는 시선에 신선한 자극을 주는 책을 펴냅니다.